D1695748

Die Liebe ist ein JA, das unser Entfalten und Wachsen als ganzer Mensch will. Sie ist letztlich die Kraft, die die Gegensätze von Licht und Schatten zu versöhnen vermag.

Ute Karin & Julia Höllrigl

Vertrauens
Wege

Tiefenpsychologische
Erfahrungen eines
Lebens *Großmutter und Enkelin im Dialog*

Erato verlag

ISBN 978-3-902860-03-3
Alle Rechte vorbehalten. Das Werk darf – auch teilweise –
nur mit Genehmigung des Verlages wiedergegeben werden.
Covergestaltung/Layout: www.koco.at
Copyright © 2014 by Erato Verlag, Erwin Bakowsky & Sabine Riesenhuber GBR,
Ungergasse 9a, A-8020 Graz
Druck und Bindung: Druckerei Theiss, St. Stefan im Lavanttal
7 6 5 4 3 2 1
Erato im Internet: www.erato-verlag.at

Inhalt

Danksagung

Vornehmlich danke ich den Menschen, die sich dem Weg der Träume anvertraut und mir wunderbare Fragen gestellt haben, aus denen sich die gemeinsamen, aus dem Unbewussten gestalteten Erfahrungen ergeben haben. Mein besonderer Dank gilt in diesem Zusammenhang Elisa Kishon, die diese Erfahrungen im Interview festgehalten und in ein Manuskript übertragen hat. Unverzichtbar im weiteren Gestalten dieses Buches war meine Enkelin Julia, die nicht nur mit ihrer Mitarbeit, sondern vor allem auch durch ihre vielen Fragen, als eine junge Suchende diese Dialogform bestimmt hat. Ihr danke ich ganz herzlich dafür.

Mit meinem Lehrer Dr. Arnold Mindell und Dr. Barbara Moser, die Gedanken zum Buch formuliert haben, verbindet mich eine langjährige Beziehung aus der Traumarbeit, ihnen danke ich ebenfalls. Ohne die Verlegerin Mag. Sabine Riesenhuber, die mit Begeisterung und Interesse diese Erfahrung begleitete, wäre dieses Buch nicht entstanden. Ihr und ihrem Mann Mag. Dr. Martin Riesenhuber sei besonders für ihre Mitarbeit gedankt. Ebenso den Lektorinnen Mag. Ulli Steinwender und Mag. Sigrun Höllrigl, der Grafikerin Dr. Ursula Kothgasser sowie DI Günther Höllrigl, DI Angie Eisenköck und Regina Steinemann danke ich für ihre stete Unterstützung und ihr Interesse am Entstehen des Buches.

Dr. Ute Karin Höllrigl

Gedanken von Arnold Mindell

For Ute's new book, Vertrauenswege.

Her book encourages us to follow the dreaming process in relationship, with family, inner and world issues. Together with her granddaughter, Ute models how love, feeling wisdom and intelligence bring new life to Jung's thoughts, applying them meaningfully to living the eternal in the »now« and in the various phases of life.

Ihr Buch ermutigt uns, dem Prozess der Träume zu folgen – in Fragestellungen von Familie, innerer Arbeit und Weltproblemen. Zusammen mit ihrer Enkelin zeigt Ute wie Liebe, Weisheit und Intelligenz neues Leben in Jungs Gedanken bringen und wendet diese bedeutungsvoll an – um das Ewige im Jetzt zu leben und in den verschiedenen Lebensphasen.

Dr. Arnold Mindell

Gedanken von Barbara Moser

Auf der Wanderschaft unseres Lebens treffen wir immer wieder auf Menschen, die uns Rastplatz sind und Wegweiser.

Ute Karin Höllrigl weist den Weg zum Traumgeschehen in uns. Und mehr noch, sie steckt uns an mit ihrer Begeisterung, diese Bilder und Geschichten, die sich in uns ereignen, mit Hingabe zu umkreisen. Mit ihnen in einen schöpferischen Dialog zu treten und ihnen einen bedeutungsvollen Platz in unserem Alltag zu geben.

Träume als Matrix eines Prozesses, der Leben heißt.

Im vorliegenden Buch erzählt Ute von ihrem eigenen Unterwegssein und von dem, was sich ihr eröffnet hat. Sie lässt uns teilhaben an den wertvollen Erfahrungen aus ihrer Arbeit als Jung'sche Psychoanalytikerin, Einsichten einer Suchenden.

Sie lädt die Seele ein zu rasten und zuzuhören ...

Dr. Barbara Moser

Vorwort

Das Leben hat eine Frage an uns. Diese Frage kreiert die Aufgabe, unser Leben mit Sinn zu erfüllen. Unser lebenslanges Fragen und die Suche nach Antworten verbinden uns mit den Anfängen unseres Lebens. Im Hinterfragen und Geschehenlassen reifen wir im Verlauf unseres Lebens in die Antworten hinein und erfahren somit Antwort.

Am Anfang stehen jedoch immer die Fragen. Vielleicht macht das Fragen sogar das eigentlich Menschliche an uns aus. Die jeweiligen Antworten ergeben sich aus dem Augenblick. Und diesem Augenblick liegt wiederum eine andere Erfahrung zugrunde.

Fragen zu stellen bildete jedoch darüber hinaus auch die Grundlage meiner vorangegangenen psychologischen Studien. Denn eines Tages überraschte mich mein damaliger Lehranalytiker, Arnold Mindell, mit dem Lob, dass er mich ob meiner vielen Fragen so sehr schätze. In meiner eigenen analytischen Arbeit hörte ich später viele wunderbare Fragen, die ihre Antworten fanden, sei es durch Träume, Imaginationen oder kreatives Gestalten von unbewussten Inhalten.

Im Gegensatz zu meinem juristischen Studium, das ich mit Fleiß und Disziplin absolviert hatte, war das Studium der Psychologie nach C. G. Jung immer von einem begeisterten Interesse getragen.

Bis heute bin ich eine leidenschaftliche Analytikerin. Träume begeistern mich in ihrer sinnvoll ergänzenden Aussage immer wieder von neuem. Mein Interesse gilt dabei vorwiegend der tiefenpsychologischen Aussage der Träume, die unsere Entwicklung begleiten. Im Wesentlichen sagen uns die Träume, dass wir nicht verurteilt werden, selbst wenn wir scheitern, sondern Lernende bleiben dürfen oder »Unverlorene« sind, wie es die Dichterin Ingeborg Bachmann in ihrem Gedicht »Böhmen liegt am Meer« beschreibt.

Im folgenden Buch geht es um Fragen und Antworten in Form eines Dialoges zwischen Enkelin und Analytikerin. Die Gespräche kreisen um einen schöpferischen Wandlungsprozess zwischen Bewusstem und Unbewusstem, den C. G. Jung erforschte. Dieser Prozess drängt gleich dem Samenkorn eines Baumes zur Entfaltung. Meine Enkelin Julia und ich sprechen miteinander, wie wir unsere Ängste in ein vertrauensvolles Wachsen verwandeln.

Wiederholungen anlässlich einzelner Fragen wurden bewusst belassen, weil der Vertrauensweg selbst ein übender, die Dinge wiederholender ist.

In beglückenden Momenten der therapeutischen Arbeit entstand das Anliegen, die wichtigsten Erkenntnisse schriftlich festzuhalten, um andere Menschen anzuregen, ihren Weg vertrauensvoller zu leben. In meinem arbeitsreichen Leben ergab sich jedoch erst viel später die Möglichkeit, die Erfahrungen rückblickend aufzuarbeiten. Ein erster Schritt waren die Gespräche mit meiner Freundin Elisa Kishon. Elisa hielt die Gespräche dankenswerter Weise schriftlich fest. Doch es verging erneut einige Zeit, bis ich diese Spur wieder aufnehmen und das Manuskript ordnen konnte.

Diesmal geschah es mit meiner Enkelin Julia. Ich durfte Julia von Anfang ihres Lebens an begleiten. Als Großmutter lernt man von einem Kind vieles neu, so auch die Erfahrung der Wirksamkeit der Phantasie. Ich erfuhr, dass Kinder in Konflikten mehr auf Phantasien und Geschichten ansprechen und weniger auf vernünftiges Argumentieren. Später stand mir Julia bei zwei Buchprojekten umfassend zur Seite. Sie fragte hartnäckig nach, wenn sie etwas nicht verstand und brachte ihr jugendliches Interesse in das Gespräch ein. So wurde auch die Arbeit an diesem Buch bald zu unserem gemeinsamen Werk. Nun war meine Enkelin die junge Suchende, während ich schon wusste, wo meine Begabungen und mein Lebensinhalt lagen.

Julia und ich arbeiteten drei Jahre lang in Zürich, wo ich mein psychologisches Studium absolviert hatte, und wo ich auch beheimatet bin. Bei schönem Wetter trafen wir uns im Freien. Im Winter gingen wir an den Sonntagen ins Museum. Aus diesen vielen gemeinsam verbrachten Stunden entstand das folgende Buch. Viele Male haben wir das Manuskript überarbeitet, bis es uns genügend ausgereift erschien. Durch das schreibende Eindringen in das Heilungsgeschehen der menschlichen Psyche haben Julia und ich viel gelernt, nicht zuletzt auch aneinander.

Müsste ich das Buch in wenigen Worten zusammenfassen, würde ich sagen, es geht um Selbsterkenntnis und die Kunst zu vertrauen inmitten von all unseren Ängsten und Zweifeln. Ich meine damit auch, durchzuhalten in schwierigen Zeiten und nicht aufzugeben. Auf dem Weg, vertrauensvoll nach innen horchend, gilt es mutiger zu werden.

Aber was hat nun meine Enkelin aus unserer gemeinsamen Arbeit gelernt? Julia verriet mir, besonders wesentlich sei für sie, was sie über Beziehungen gelernt habe. So die Erkenntnis, dass nicht ihr Partner schuld war, wenn sie sich unglücklich fühlte. Ein Partner kann unser Leben bereichern, aber wir dürfen nicht jenen Teil vom anderen erwarten, welchen wir in uns selbst erlösen müssen. Den eigenen Prozess des Reifens können wir nur eigenständig leben und müssen ihn weiterführen, selbst wenn wir zwischendurch scheitern oder lustlos sind.

Julia maturiert jetzt, und ich stehe vor der Reifeprüfung meiner letzten Lebensjahre, synchron dazu ist unser Buch gereift, so wie wir an ihm. Möge es auch anderen Menschen dienen, so wie es uns bereichert hat.

Ute Karin Höllrigl

13

Ich kenne nicht den Raum
wo die ausgewanderte Liebe
ihren Sieg niederlegt
und das Wachstum in die Wirklichkeit
der Visionen beginnt,
das wie zum Spiel in die spielenden Flammen
geworfen wurde,
aber ich weiß, das dieses die Nahrung ist,
aus der die Erde ihre Sternmusik herzklopfend
entzündet.

Nelly Sachs

Ich kenne nicht den Raum

Du hast mir an deinem Geburtstag erzählt, dass du
wesentlich zufriedener bist als in jüngeren Jahren: erfüllt
und eins mit dir. Viele Menschen hadern mit dem Leben.
Was hast du getan?

Habe ich das wirklich so gesagt? Gewiss ist, dass ich zufriedener bin, weil ich täglich übe dankbar zu sein für das, was da ist, Wasser, das Licht meiner Augen, ein Traum. Diesen bewussten Blick verdanke ich David Steindl-Rast, dem Benediktinermönch und Mystiker, der uns in dem Buch »Die Achtsamkeit des Herzens« lehrt: »*Dankbar sein führt zu Lebensfreude und zum glücklich Sein.*« Dieser schöpferische Gedanke hat mein Leben vor dreißig Jahren revolutioniert und tut es täglich von neuem.

Dass ich zufriedener bin? Es ist so, dass ich mehr im Frieden bin, dass ich versöhnter mit allem Schmerzlichen und achtsamer dem Schönen gegenüber bin.

Ich kann bewusster *Ja* zum Schicksal sagen.

Doch eins mit mir, oder gar *all-eins* bin ich natürlich keineswegs immer. Heute bin ich mir bewusst, dass wir täglich immer wieder neu unser Gleichgewicht zu suchen haben. Das lernte ich durch die Beziehung zum Unbewussten. Dieser schöpferische Urgrund alles Lebendigen entzieht uns auch immer wieder seine Erkenntnisse.

C. G. Jung versteht daher diese Beziehung zwischen dem Ich und dem Unbewussten als einen lebenslangen, schöpferischen Prozess. In diesem ist der Traum, der sinnvoll ergänzt, ein Königsweg. Dieses Mitgestalten des Unbewussten setzt jedoch voraus, dass wir bewusst unser Möglichstes klären. In diesem gemeinsamen Prozess formt sich eine Mitte, in der sich unser Selbstvertrauen schöpft. Aus dieser Schule komme ich.

Diese Verwandlung trägt auch die Dichtung poetisch an uns heran. Hilde Domin beschreibt in ihrem Gedicht »Bitte« diese Erfahrungen in eindrücklichen Bildern:

»Der Wunsch nach der Landschaft diesseits der Tränengrenze taugt nicht (...) Es taugt die Bitte (...) dass wir, aus der Flut, dass wir aus der Löwengrube und dem feurigen Ofen immer versehrter und immer heiler stets von neuem zu uns selbst entlassen werden.«

In dieser Bitte bezieht die Dichterin eine Wirklichkeit mit ein, die mitwirkt und unser Vertrauen stärkt. Sie schenkt uns ihre Erfahrung, zeigt, dass wir die Stürme des Lebens wachsend und reifend überstehen können und verspricht uns, dass wir darin nicht alleine sind.

Hadern die meisten Menschen zu sehr?

Ein wenig hadern dürfen wir schon, es soll aber nicht unsere Grundhaltung sein. Das Leben will als ein Ganzes gesehen werden, es will, dass wir im Traurigen auch den

Blick auf das Schöne nicht verlieren. Dieser schöpferische Prozess zwischen dem Ich und dem Unbewussten ändert sich – und wir uns mit ihm. In diesen Dialog musste ich schon als junge Frau eintreten. Der Unterschied zwischen den quälenden Anfängen und heute ist, dass ich viel mehr um die Dinge, auch um ein Scheitern, kreisen und mit den unterschiedlichsten Befindlichkeiten fließen kann; sei es, dass etwas schmerzt, ich aus einem schweren Traum erwache oder mich einfach nicht wohl fühle. Ich nehme es an, tue mir etwas Gutes und folge meinen täglichen Ritualen, besonders jenem der Dankbarkeit. Mein Befinden ändert sich dann ziemlich rasch, denn wenn wir innerlich lebendig sind, wechseln die Stimmungen sowieso mehrmals täglich.

Was bedeutet in diesem Zusammenhang fließen?
Wie lernt man, das zu steuern?

Das zu steuern ist ein lebenslanger Erkenntnisweg, auf dem wir immer mehr lernen unsere gegensätzlichen Triebe in eine Mitte zu ordnen und aus ihr heraus zu steuern. Die Beziehung zu den Träumen und zu unserem Körper, die unser Lebendigsein sinnbezogen begleitet, korrigiert das einseitige Bewusstsein und hilft uns, zu steuern. Das verlangt von uns auch, den in uns automatisch ablaufenden, verurteilenden Prozess in einen befreienden zu wandeln, und den dabei einschießenden Schuldzuweisungen Einhalt zu gebieten. Das bedeutet, uns weder den beängstigenden Stimmen hinzugeben, noch sie zu nähren, sondern innezuhalten und zu bedenken, dass wir auch Hinterfragende und Vertrauende sein können. Diese versöhnende Haltung haben wir bewusst aus uns zu schöpfen. Wir sind die Waage zwischen den Gegensätzen Zorn und Versöhnung. *»Die Waage zu sein, ist das Göttliche in uns«*, schreibt C. G. Jung im »Roten Buch«. Eine zielgerichtete Übung im Alltag, die körperlich oder geistig sein kann, stellt dem automatisch ablaufenden, destruktiven Prozess eine spirituelle Kraft gegenüber.

Jeden Morgen, wenn ich die Wohnung verlasse, steht vor mir unübersehbar eine uralte Waage, die mich auffordert, das Gewicht zwischen Freude und Schmerz oder Angst und Vertrauen gerecht zu verteilen. Dieses kurze Innehalten stärkt meine Konfliktfähigkeit auch in augenblicklichen Herausforderungen. Ich versuche auch, mich an meinen Traum zu erinnern, meditiere seine Bilder und versuche sie in den Alltag einzubeziehen. Vor dem Frühstück erinnere ich, dass alles was zu tun ist, auch freudvoll getan werden kann. Dabei bedenke ich oftmals: »*Dies könnte mein letzter Tag sein*, wie würde ich diesen verbringen und wie würde ich dann handeln?« Gerade diese Achtsamkeit hilft uns, die Dinge zu steuern. Sie öffnet einen ganz neuen Blickwinkel, das Leben als ein Geschenk zu begreifen, dem wir dankend antworten und unsere innere Welt und deren Impulse ernst zu nehmen.

Ist das nicht schwierig für uns?

Seltsamerweise ist es für uns nicht einfach, das Eigene zu achten und zu ihm zu stehen. Das Ziel einer inneren Arbeit ist ja, *Verfestigtes und Versteinertes zu lösen und bereit zu werden, mit der Seele zu experimentieren.* Auch wenn uns die Träume dabei unterstützen, uns von Fremdbestimmungen zu trennen und das Eigene und Stimmige zu finden, ist es auch ernst zu nehmen, und es ist ein Erfahrungsweg zwischen Vertrauen und Zweifel.

Kannst du mir erklären, was mit Innerer Arbeit gemeint ist?

An uns arbeiten bedeutet, in einen kreativen Dialog mit dem Unbewussten einzutreten. Dieser verlangt von uns, unsere ängstlichen und zweifelnden Seiten als einen Teil unserer menschlichen Natur anzunehmen und sie zu verwandeln. Und weil das zunächst mit einer gewissen Anstrengung verbunden ist, sprechen wir von Arbeit. Unterstützend für diesen Verwandlungsprozess kann eine meditative Übung sein, sei es Gehen, Tanzen, Schreiben, Malen oder Schwimmen, etwas das uns Freude bereitet. Dieses Üben wird zur Meditation, indem wir es zielgerichtet, in der gleichen Art und zur gleichen Zeit tun. Es stärkt unsere innere Kraft, zu uns zu stehen, frei und fest zu werden und hilft uns, auch die unangenehmen Dinge wie Krisen oder Krankheiten als dem Leben zugehörig anzunehmen, sowie dankbar zu werden für das Schöne. Es geht um die Fülle des Lebens. Das Wesentliche an dieser Arbeit ist, dass der Fokus sich nach innen richtet und so Talente und Möglichkeiten, die überschattet sind, entfaltet werden. Ich habe beobachtet, dass sich etwas im Menschen sträubt, die unschönen und schmerzlichen Dinge als dem Leben zugehörig anzunehmen. Häufig ereignet sich sofort eine Schuldzuweisung nach außen oder gegen uns selbst, die uns erstarren lässt. Verlangt ist dann von uns jenes Innehalten, in dem wir gefordert sind, einerseits Wünsche und Illusionen, die wir an das Leben haben, zu unterscheiden und anzunehmen, was wir jetzt nicht ändern können. Andererseits haben wir zu hinterfragen, anstelle zu beschuldigen, sei es uns selbst oder einen anderen. Darin können wir aufstehen, sobald wir die Kraft dazu fühlen, wie es die Heldinnen im Märchen uns vorleben.

Aufstehen können ist für mich eines der spirituellen Geschenke an unser Leben. Im Aufstehen gerät unsere Lebensenergie neu und kraftvoll ins Fließen. Im *Fließen* bleiben zu können bedingt jedoch einiges mehr: Dass wir uns körperlich bewegen, seelisch nähren und versuchen, den Geist des Augenblicks wahrzunehmen. Sind wir im Fließen, dann kann es sein, dass aus der Tiefe Glücksmomente des Eins-Seins aufsteigen, wie es Christine Lavant in ihrem Gedicht »Auferstehung« so wunderbar beschreibt:

Manchmal stehen wir auf
Stehen wir zur Auferstehung auf
Mitten am Tage.

Vielleicht ist das Ziel der inneren Arbeit, immer wieder aufstehen zu können.

Verbunden mit der ganzen Welt

Ich habe das Gefühl, dass wir Menschen uns eher das Leben schwer machen anstatt es mehr zu genießen und uns mehr zu freuen ...

Ich beobachte, dass dieser quälende Prozess sich bei den Menschen von selbst einstellt und wir das liebevolle Hinterfragen und die Freude an den Dingen aus uns zu befreien haben. Unser Inneres ist naturgemäß nicht in Harmonie, sondern in viele gegensätzliche Triebe zwischen Destruktion und Lust eingespannt. Die Theorien zu diesem Thema sind vielgestaltig. Ziel dieser inneren Arbeit ist jedoch, die gegensätzlichen Tendenzen in eine Mitte zu ordnen, aus der wir freudig reagieren können. Karlfried Graf Dürckheim schrieb dazu ein beachtenswertes Buch, »Vom doppelten Ursprung des Menschen«. Er sagt, wir befinden uns in einem Spannungsverhältnis zwischen einem irdischen und einem göttlichen Ursprung, an dem wir aufgefordert sind zu reifen.

Dieser irdische Ursprung verkörpert seinem Ansatz gemäß vor allem das Leistungsprinzip der Welt, das den Menschen als Individuum außer Acht läßt. Allerdings dürfen wir dabei nicht vergessen, dass wir das Schöne der Welt auch genießen, denn es verbindet uns im JETZT mit unserem Wesen, dem göttlichen Ursprung. In diesem sind wir als Mensch mit dem Zeitlosen verbunden und reifen aus dem ewigen Raum in die Welt hinein. Wesentlich ist, bewusst zu werden, *dass wir darin Bringende sind* und nicht Erwartende bleiben dürfen! Damit stellen wir uns in den Dienst der Seins-Ebene, können uns an diese rückbinden und uns von ihr stärken lassen. Wie sich dieses Zeitlose in ein Menschenleben hinein träumt, ist individuell und kreiert seine Aufgabe in der Welt mit.

Für mein Leben wesentlich sind unter anderen die Denker und Schriftsteller C. G. Jung, Ingeborg Bachmann und David Steindl-Rast. Sie alle haben sich in mein Leben hinein geträumt. Im Wahrnehmen unserer persönlichen Aufgabe, die sich uns im Geist der Zeit stellt, dürfen wir uns vom Zeitlosen getragen fühlen. Den Umgang mit unseren damit verbundenen Ängsten und Zweifeln finden wir in den Märchen, die über einen Weg mit den Schatten erzählen. Auf ihm verspotten neidvolle, eifersüchtige Stimmen gerade die Frage des Reifens. Wie lange muss Aschenputtel durch die stiefschwesterlichen Stimmen hindurch reifen, bis sie mit dem Prinzen auf der Hochzeit tanzen kann? Der Tanz gilt als Ausdruck eines rhythmischen Bewegens zwischen den Gegensätzen von Zweifel und Selbstvertrauen, der sich in der Würde einschwingt.

Wie hast Du persönlich die Schattenseiten empfunden?

Aus meinem Leben erinnere ich den Wandlungsprozess einer Schattenseite, den ich mit Hilfe eines Traumes schon als junge Frau erfahren durfte. Wir wohnten zu dieser Zeit mit unseren beiden kleinen Kindern, Sigrun und Peter, in einer Drei-Zimmer-Wohnung in der Schweiz. Damals bauten unsere Freunde ein großes, wunderschönes Haus, an dem ich mich zunächst mit ihnen auch erfreute. Als ich es dann erstmals betrat, verspürte ich neidvolle Stimmen in mir, die ich mir jedoch bewusst unter keinen Umständen eingestehen wollte. In der darauffolgenden Nacht träumte ich einen Traum. Er erinnerte mich an die leidvolle Armut in der Welt, ein Mitgefühl, das mir als Kind so eigen gewesen war. Gemeinsam mit dieser Traumbotschaft konnte ich an dieser Schattenseite arbeiten. Das Haus der Nachbarn und mein Traum boten einen guten Anlass, mich an diese kindliche Fähigkeit zu erinnern und sie in den Alltag wieder bewusster einzuüben. Die Bilder hatten mir das Leid in der Welt und mein Mitgefühl wieder zurückgebracht und ich konnte relativieren und mich hinterfragen: »Bist du für das was da ist, deine Wohnung, dankbar? Brauchst du wirklich so ein Haus wie deine Nachbarn?« Ich wurde ganz glücklich und zufrieden.

Diese Innenschau können wir jedoch oftmals erst beginnen, wenn das Existentielle im Außen einigermaßen gesichert ist. Sind wir im Mitschmerz mit anderen Menschen verbunden, so dürfen wir nicht vergessen, uns auch mit anderen zu freuen. In diesem Reifen zwischen Schmerz und Freude schöpfen wir alle eine neue Welt mit.

»Wir haben uns den Schmerz der Welt stets vor Augen zu halten, um uns keiner inneren Trägheit hinzugeben«, schrieb Ingeborg Bachmann einmal. Vielleicht hätte sie sich der Freude mehr hingeben dürfen?

Du sagst, dass wir uns unserer Verbundenheit mit der ganzen Welt nicht mehr bewusst sind. War das früher anders?

Ja, wenn ich zum Beispiel an andere Kulturen, wie die gewisser Naturvölker oder auch an unsere Bauern denke, sie sind noch viel enger mit den Gesetzen der Natur verbunden und ihrer Unberechenbarkeit ausgeliefert. Umso bewusster stellen sie ihr Leben und ihre Arbeit in den Dienst der Schöpfung. Naturvölker, die diesen wunderbaren Ritus leben, sich am Morgen der Sonne zuzuwenden, weil sie überzeugt sind, beitragen zu müssen, dass sie aufgehen kann – und abends helfen sie ihr wieder, unterzugehen – sind sich wohl bewusst, dass jeder rituelle Prozess eines individuellen Lebens auch zur Erlösung der Schöpfung beiträgt.

Entsteht nicht auch durch negative Kräfte Neues?

Ja, denke einmal daran, wie Märchen uns zeigen, dass gerade die Schattenfiguren diejenigen sind, die den Gang der Geschichte vorantreiben und die Heldenfigur zur Wandlung zwingen. Sie erzählen uns, wie abenteuerlich der Weg ist. C. G. Jung sagt dazu: »*Der sichere Weg ist ein toter Weg.*« Ich finde, das ist eine gewagte Aussage, auch wenn sie stimmig zu sein scheint. Wir dürfen dabei nicht vergessen, dass der Weg Jungs die *Vollständigkeit* und nicht die Vollkommenheit zum Ziel hat.

»*Ein wirklich gelebtes Leben beinhaltet Irrtum, Schattenseiten und Gefahren*«, schreibt Jung in seinen Erinnerungen. Und gerade der Irrtum kann uns oft in eine große Erfahrung führen. So war es bei Jung in seinen späten Lebensjahren, als er einen Beinbruch und einen daraus folgenden Herzinfarkt erlitt. Er fragte sich damals: »*Hätte ich den Beinbruch verhindern können?*« Vielleicht, doch dann hätte er auch seine großartigen Visionen aus seinem Nahtoderlebnis nicht erfahren.

Also, wenn ich nie etwas riskiere, kann ich auch nichts erleben?

Zum Risiko bereit zu sein, ist dem Weg zu uns Selbst eigen. Auf diesem wissen wir die einzelnen Stationen nicht im Voraus, sondern diese entstehen erst aus dem Gehen. Das fordert unser Vertrauen heraus und ist für den europäischen Menschen schwierig, denn er möchte die Ziele im Voraus bestimmen. Die Reise nach innen wird daher in den Sagen und der Mythologie symbolisch, als eine Abenteuerreise beschrieben. Der Held muss kämpfen, Geduld üben und durchhalten, bis er letztlich seine Erlösung erfahren darf. Der schöpferische Prozess zwischen bewussten und unbewussten Einstellungen, die gegensätzlich sein können, ist zunächst ebenso abenteuerlich, bis wir Gewissheit erfahren. Und doch sind wir vom Weg selbst getragen, wie uns viele Dichter, die Tiefenpsychologie und Religion versprechen. Sehen wir uns ein Beispiel an: Du hast vor einer Prüfung bewusst Angst, während der Traum vertrauensvolle Bilder an dich heranträgt. Nun stellt sich die Frage: Wem sollen wir folgen?

Persönlich versuche ich beides zu achten und mich mit dem ängstlichen Teil langsam auf die vertrauensvolle Seite einzulassen und sie in den Alltag einzuüben. Schlussendlich erfahre ich immer, dass ich vertrauen darf, wenn der Traum es voraussieht. Aus diesen Erfahrungen ist Jahr um Jahr mein Vertrauen in die Träume gewachsen, hatte ich mein Mögliches zum Gelingen beigetragen. Uns zielorientierte Menschen verunsichert vor allem, dass wir zwischen den Stationen oftmals boden- und orientierungslos sind, was zum Prozess gehört, sodass Neues entstehen kann. Besonders in dieser unsicheren Phase haben wir unsere Verbündeten verstärkt einzusetzen. Das sind unsere Rituale, wirkliche Freunde, Körperarbeit, Bücher, Musik, Träume, die Natur, alle Begleiter, die unsere Zuversicht fördern, bis wir das neue Ufer spüren. Sie sind in dieser Phase der Übergänge für uns eine Notwendigkeit! Denn häufig ergreift uns in diesen Zeiten etwas Unerklärliches, manchmal auch ein starkes Wutgefühl.

Was kann man tun, um die Wut nicht an anderen auszulassen?

Mir persönlich hat die Erkenntnis von Aristoteles sehr geholfen, dass es nicht einfach ist, mit dieser Emotion umzugehen. Er schreibt: »*Jeder kann wütend werden, aber wütend auf den Richtigen zu sein, im richtigen Maß, zur richtigen Zeit, zum richtigen Zweck, das ist schwer.*«

In unserer Arbeit kann beispielsweise ein extravertierter Mensch in einem Wutanfall beginnen, diese Wut zunächst zu beherrschen, innezuhalten und sie setzen zu lassen. Im darauf Verzichten, zu beschuldigen und das Ereignis zu hinterfragen, kann sich das Gefühl in ein Verstehen wandeln. Es kann auch notwendig sein, sich aus dem Konflikt vorübergehend ganz herauszunehmen, tiefer in sich hineinzuhorchen und einen Traum mit einzubeziehen. Es ist dann sinnvoll, die Aufmerksamkeit einerseits auf die Wandlung der eigenen zerstörerischen Emotion zu richten, ihre Heftigkeit zu analysieren und sich auch zu fragen: »Reagiert vielleicht das Kind in mir gegen die Eltern so heftig?«, andererseits den liebenden Blick auf uns selbst zu befreien. Beides kann bewirken, dass sich die ungezähmte Wut in einen heiligen Zorn mäßigt.

Es ist wesentlich, sich grundsätzlich für solche Lösungen zu entscheiden. Das Formen der aggressiven Emotionen verlangt von uns einiges, dass wir Spannungen aushalten, Geduld und Ausdauer üben bis wir die Emotion, gleich den Tieren in den Märchen, bezähmen können. Wir dürfen allerdings lange üben, *wann* eine Wandlung eintritt, liegt freilich nicht in unserer Hand. Die Wut zu wandeln und den liebenden Blick zu befreien sind auch wesentliche Voraussetzungen für ein stetig wachsendes Selbstvertrauen. Letztlich befreiend ist auch, unsere Talente zu fördern und in den Dienst anderer Menschen zu stellen. Erfüllt sich unser Leben dadurch mit Sinn, lassen sich auch unsere Schattenseiten leichter bezähmen.

Ist es nicht egoistisch, wenn wir den Menschen so sehr in den Mittelpunkt stellen?

Ich denke, genau das Gegenteil. Egoismus entsteht, wenn sich der Mensch nicht auch selbst als Werk und ganzheitlich begreift sondern glaubt, mit dem eingeschränkten Blick des Bewusstseins alles begreifen zu können. Das Bewusstsein beträgt nur ein Siebtel gegenüber den sechs Siebteln des Unbewussten, die unser Verhalten mitbestimmen. Alles Unbewusste projiziert sich ferner nach außen. Den Menschen in den Mittelpunkt zu stellen bedeutet, die Projektionen in die Welt zurückzunehmen und diese dadurch erst mitzugestalten, indem man das Licht aus sich schöpft und in die Welt bringt und den eigenen Schatten bearbeitet, um auch die Welt friedvoller werden zu lassen. Die nach außen verlegten Kräfte in uns zurückzuholen und in eine Mitte zu ordnen bedeutet sinnvolle Arbeit und ist kein Egoismus. Vielmehr ist es eine anspruchsvolle Aufgabe, die Zeit, Einsatz, Achtsamkeit, Geduld, Verzicht und Ausdauer verlangt. Können wir da von Egoismus sprechen?

Ich meinte eigentlich nicht Egoismus, sondern Egozentrik.

So lange das Ego sich auf den schöpferischen Prozess, Mensch zu werden oder auf die Kunst des Liebens zentriert, kann ich sie nur befürworten. Aber Egozentrik im herkömmlichen Sinn hat nicht die Achtsamkeit mit dem Nächsten als sich selbst zum Ziel, sondern das eigene Ego, das vom Ganzheitlichen und der Liebe getrennt ist. Darum geht es hier gerade nicht, sondern um ein Fließen zwischen Innen und Außen, in dem die Selbsterkenntnis des Menschen im Mittelpunkt steht, die die Schöpfung in einem Dialog kreiert, in einem Dialog und einer dialektischen Auseinandersetzung, zwischen Bewusstem und Unbewusstem, Innen und Außen.

Es klingt ja sehr poetisch, wenn du so etwas sagst. Aber was bedeutet das wirklich, kann man über so etwas allgemein reden?

Ja, wir können allgemein darüber reden, weil wir diesen Weg menschlichen Reifens in allen Kulturen in ähnlichen Urbildern der Kunst, in Märchen, Mythen und Religionen vorfinden. Dieses zu wandelnde Geschehen von kriegerische in friedvolle Auseinandersetzung, von Angst in Vertrauen, von aggressiven Kämpfen in ein ringendes Kreisen, ist an alle Menschen gerichtet. In diesem kollektiven Prozess hat jeder auch seine individuelle Aufgabe gemäß seinem Schicksal und seinem Talent. Wenn wir uns die Welt ansehen, die Ungerechtigkeit, Folter, den Krieg und Hunger, ist jeder Einzelne als Mitschöpfer am Weltfrieden dringender gebraucht denn je. Ich spreche über all diese Dinge erst, wie auch über das Fließen, wenn ich sie jahrelang in mir bewegt, in philosophische und religiöse Gesetze eingeordnet und dazu einen Traum geträumt habe.

Träume: die Botschaften der Seele

Träume sind die Botschaften, die uns das SELBST, das Zentrum, das unsere Entfaltung anordnet, sendet. Sie ergänzen Sinn bezogen unser Bewusstes, korrigieren eine einseitige Haltung, tragen neue Inhalte an uns heran oder inspirieren uns zu einer dritten Lösung, an die wir bewusst so nicht gedacht hätten. Träume sind gleich Briefen aus dem Unbewussten an unser Ich, die geöffnet werden wollen. In sie schreiben sich persönliche und uralte Erfahrungen menschlichen Lebens und Reifens hinein.

Träume malen in Urbildern, wie Verletzungen geheilt oder überwachsen werden können. Starke Frauengestalten tragen beispielsweise ein vertrauendes, uns bewusst verborgenes Sein an uns heran, welches wir als Kinder vielleicht nicht erleben konnten.

Ein warmherziges Traumgeschehen kann aus der eigenen Tiefe persönliche Verletzungen im mütterlichen Bereich überwachsen. Diesen liebenden Blick haben wir dann in unseren Alltag einzuüben. Darin schöpft sich unser Urgrund und heilt unser Selbstvertrauen.

Die Tiefenpsychologie zeigt uns konkrete Zugänge, Instrumente und Übungen, wie wir diese allgemeinen Prozesse in unser Alltagsleben integrieren können. Als Analytikerin fühle ich mich als Handwerkerin, die die religiösen und philosophischen Bausteine des Unbewussten mit dem Ich zusammenführt und bewusst aneinanderfügt. Es gibt viele verschiedene Träume: diejenigen, die den Alltag verarbeiten, warnende Träume, prophetische und sogenannte große Träume. Von großen Träumen sprechen wir, wenn eine andere Wirklichkeit besonderer Kraft in sie einbricht, ein besonderes Licht einströmt, Menschen in überirdischer Gestalt auftreten, wundersame Landschaften sich in ihnen zeigen, außergewöhnliche Stimmungen und Gefühle sich ereignen.

Einen dieser großen Träume träumte ich vor Jahren innerhalb von vier Wochen zwei Mal. Ein warmes Fließen durchströmte meinen Körper und ich hörte die Worte:

»Der Sinn des Lebens ist das Fließen mit dem Wandel des sich in uns ereignenden immateriellen Geschehens.«

Erstaunlicherweise habe ich mir diesen komplizierten Satz gemerkt. Das Gefühl, warm und lichtdurchströmt zu werden, dauerte lange Zeit an. Heute habe ich mich täglich darum zu bemühen, und an manchen Tagen stellt es sich wieder beglückend ein. Die Aussage des Traumes bleibt jedoch bis heute auch geheimnisvoll.

War das wie eine übersinnliche Erfahrung?

Ich denke schon, jeder trägt das Göttliche in sich. Die Frage ist, inwieweit es sich aus uns befreien kann oder darf. Träume können uns einen Weg in diese göttliche Ebene eröffnen und uns diese in Symbolen und Bildern erfahren lassen. Nehmen wir diese Erfahrung ernst und meditierend in unseren Alltag auf, betten sich unsere Ängste immer mehr in das uns zu grundgelegte Vertrauen ein.

Du nennst Träume Botschaften der Seele und Briefe des Unbewussten, die geöffnet werden wollen ...

Lass uns bitte kurz beim Begriff *Fließen* bleiben. Ich kann nachfühlen, dass du nicht verstehst, was mit *dem Wandel zu fließen* aus dem vorher erwähnten Traum gemeint ist. Um die Traumaussage zu verstehen, habe ich Jahre nachgedacht, und ich glaube, dass ich sie immer noch viel tiefer verstehen werde. Es ist oftmals so, dass wir in große Träume jahrelang hinein reifen, um ihren Inhalt auch zu *erfahren*. Diese Bilder haben etwas Numinoses an sich, das für uns immer erstrebenswert und geheimnisvoll bleiben wird.

Der Schmerz und das Kraftmeer der Liebe

Kannst du etwas über die Bedeutung des Schmerzes in deiner Arbeit sagen?

Viel gibt es zu diesem Thema zu sagen und ist schon gesagt worden. Ich möchte ein Thema herausgreifen, das mir besonders am Herzen liegt: Der schmerzvolle Prozess, in dem wir uns schuldig fühlen, quälen, ängstigen, demütigen, uns selbst bestrafen und minderwertig fühlen. Dieses Zugehen auf uns selbst will sich in ein verstehendes, erkennendes, lernendes, mitfühlendes und versöhnendes verwandeln. Es ist uns als WEG eingeprägt, den wir ergreifen müssen. Jung beschreibt im »Roten Buch«, wie der Zweifel das Vertrauen in uns verletzt.

Als junge Analytikerin dachte ich, dass schmerzvolle Ereignisse, wie Trennung oder Tod, uns an sich schon wandeln. Im Laufe der Zeit erkannte ich aber, dass nicht der Schmerz allein den Menschen wandelt. Wesentlich ist, dass wir die werden, die wir in einem Ereignis sind, und dass wir diese Erfahrung dann in den Alltag einüben. Ich erlebe, dass sich im Schmerz oftmals ein Tor in die Liebe erschließt. Nehmen wir sie nicht rituell ins Bewusstsein auf, verlieren wir den besonderen Blick wieder an das Unbewusste.

Das ist interessant. Der Schmerz ist also ein Weg in die Liebe, habe ich das richtig verstanden?

Ja, der Schmerz öffnet seltsamerweise eine Tür in unser Innerstes. Ich selbst machte auch diese Erfahrung während einer schweren Krankheit. Damals erfuhr ich aus der Tiefe ein Kraftmeer der Liebe strömen. Wochenlang tauchte ich jede Nacht in diese goldenen Bäder der Zärtlichkeit, wie ich sie nenne. Lange hielten sie auch am Tage an, ich fühlte mich unbeschreiblich verletzlich und konnte mich eigentlich nur an Kindern wirklich erfreuen.

Je kräftiger ich körperlich wurde, desto schneller versanken diese Zärtlichkeitsgefühle am Morgen wieder in die Tiefe. Ich konnte es beobachten, wie sie sich mir langsam wieder entzogen. Seit dieser Erfahrung bin ich überzeugt, dass jeder Mensch diesen Ozean der Liebe zutiefst in sich trägt, sich danach sehnt und danach strebt. Die Überwindung dieses *Getrenntseins* von der Liebe ist ein Ziel des Lebens. Wir streben danach, uns immer tiefer in diesen Urgrund einzubetten. Daher ist unser tägliches Zuwenden und Erinnern so wesentlich.

Ist der Schmerz nicht auch ein Anlass, sich dem Hass und der Rache zu widmen?

Das geschieht selbstverständlich leider auch, und ich kann es gut verstehen, dass Hass und Rache aus erlittenen Demütigungen, aus einem Nichtverstanden werden und aus Verletzungen entstehen. Es braucht eine sehr mitfühlende und konsequente Arbeit an sich selbst, um diese Gefühle zu wandeln. Immer wieder ein Innehalten und bewusstes Rückbesinnen auf den liebenden Urgrund kann helfen, ein erlittenes Unrecht nicht in ein Hassgefühl abgleiten zu lassen. Dies bedeutet eine innere Haltung, einen Entscheid, die Versöhnung um der Versöhnung willen, den Frieden um des Friedens willen zu leben. Es bedarf täglicher meditativer Gespräche mit uns selbst, um diesen Blickwinkel immer wieder neu zu schöpfen. Wir können an uns selbst beobachten, wie die dunklen Gefühle sich automatisch einstellen, während das liebevolle darauf Zugehen immer ein aktives Abholen von uns verlangt.

Wie kann man den Schmerz in die Liebe führen?

Es bedarf einer großen Anstrengung oder eines besonderen Talents, wie es uns einige besondere Vorbilder wie Nelson Mandela, Mahatma Gandhi, Viktor Frankl oder Hilde Domin vorgelebt haben. Sie alle sind nicht an ihren leidvollen Erfahrungen verbittert, sondern haben diese verwandelt und bis zum Ende ihres Lebens in den Dienst einer gerechteren und friedlicheren Welt gestellt.

Jeder Mensch trägt die Fähigkeit zu lieben in sich. Wir leiden alle, wie gesagt, an der Wunde, von dieser Liebe getrennt zu sein. Die Kunst, wie beispielsweise bei Marc

Chagall oder Paul Klee, zeigt kreative Wege auf, Getrenntes zu überwinden und wie wir uns mit unserem Ursprung zu verbinden vermögen. Sie beschreibt es in Bildern, Worten und Musik. Eines dieser ganz großen Kunstwerke dieser Art ist »Der Messias« von Georg Friedrich Händel. In der Arie: »*Ich weiß, dass mein Erlöser lebet*«, singt sich Gewissheit in unsere Seele. Paul Klee hat es einmal anders wunderbar formuliert: »*Ich bin dem Herzen der Schöpfung näher als die meisten anderen Menschen, aber noch lange nicht nahe genug.*« Er hat sich mit seiner Malerei ein Leben lang, vor allem während seiner schweren Krankheit, diesem Liebeskern angenähert. C. G. Jung setzt diesen schöpferischen Kern des Menschen einem Samenkorn gleich, das dem Menschen eingeprägt ist und sich entfalten will. Er entdeckte das Geistige als einen Trieb, der in uns angelegt ist und sich verwirklichen will. Er sah in der Selbstentfaltung des Menschen auch die Überwindung des Schmerzes. Im biblischen Bild zeigt sich diese Wandlung des Schmerzes in der Auferstehung. Der Schmerz kann ein Auslöser für dieses Wandlungsgeschehen in uns sein.

Mein Weltschmerz

Kannst du dich noch an deinen ersten wirklich großen Schmerz erinnern?

Ja, sehr gut. Diese erste Erinnerung geht in meine frühe Kindheit zurück, in der mir die Augen für das Leid der Menschen geöffnet waren. Ich fühlte jeweils einen starken Schmerz in mir, wenn jemand verletzt oder ungerecht behandelt wurde.

Das erste große schmerzvolle Ereignis, das ich jetzt erinnere, betrifft allerdings ein Tier. Vor unserem Haus weideten auf einer großen Wiese eines Tages drei Pferde. Zwei davon waren edle Reitpferde, die mein Vater ritt, und eines war ein behäbiger Ackergaul, der mir gerade in seinem schwerfälligen Anderssein besonders ans Herz gewachsen war. Eines Tages erkrankte er schwer und unser Pferdebetreuer meinte sofort, er müsse getötet werden. Ich konnte allein den Gedanken daran kaum ertragen. Geduldig und gütig wie ich meinen Vater erlebte, und vielleicht auch aus Mitgefühl für meinen großen Schmerz, entschied er sich für eine zuversichtliche Lösung.

Dreimal täglich wusch er eigenhändig die Wunden des Pferdes aus und salbte sie ein. Es war mir, als heilte schon in dieser liebevollen Zuwendung auch mein Schmerz. Ich weiß gar nicht mehr, ob das Pferd dann gesund wurde, eingeprägt hat sich mir nur, wie achtsam mein Vater mit dem kranken Ackergaul umgegangen ist.

Dieses Erlebnis wirkt bis jetzt in mein Leben und meine Arbeit hinein und lässt mich geduldig mit schweren Ereignissen umgehen.

Mein Vater

Mein Vater hat mich auch andere Dinge neben Geduld und Güte gelehrt. Seine Begeisterungsfähigkeit, die so manches Schwere ausgleichen konnte, steht mir lebendig vor Augen, ebenso sein Interesse an menschlicher Entwicklung. Er freute sich über jeden kleinen Fortschritt, den ich als Kind machte, an allem was mir gelungen ist. Wenn mir etwas nicht geriet, fühlte er mit, bestrafte oder erniedrigte mich nie. Gleichzeitig war er aber streng in seinen Forderungen, was meine Entwicklung betraf und ließ mich um die Dinge, die ich unbedingt wollte, kämpfen. Manchmal musste ich tagelang darum ringen, bis ich es endlich bekam. Darin lehrte er mich, dass nichts selbstverständlich ist und zu bitten. Er hat auch ganz klar von mir verlangt, dass ich die Schule abschließe. Ohne Matura, meinte er, hätte ich als Frau keine Chance im Leben und er hatte Recht. Die Strenge war immer mit Güte verbunden und ich musste nie Angst vor einer schlechten Note haben. Wenn ich etwas nicht verstand, tat er alles, um mir zu helfen. So war das Lernen leichter, weil ich keine Angst vor dem Versagen haben musste. Denn setzt man ein Kind unter Druck, führt gerade das oft zu einem Versagen. Die Sicherheit, die mein Vater mir gab, dass ein sogenanntes Scheitern sein darf, war nicht nur ideal um die Matura zu absolvieren, sondern hat auch mein weiteres Leben geprägt.

Meinst du, dass sich Spannungen zwischen Erwachsenen immer auf die Kinder auswirken?

Und wie! Ich fühle sehr mit den Kindern, die leiden. Es ist ein großes Problem für die Eltern, mit den vielseitigen Belastungen und der Schnelligkeit unserer Zeit umzugehen, ebenso mit ihrem Unverständnis für schwierige Entwicklungsschritte ihrer Kinder. Gerade in diesen Phasen ist es notwendig, zu bedenken, dass sich das Kind als Mensch geliebt fühlt, und in einer Kritik nicht in seinem *Selbstvertrauen* getroffen wird. Es ist wesentlich, das Verhalten *sachlich* zu korrigieren! Ebenso bedeutsam ist es, dass die Eltern gut mit sich selbst umgehen. Wir können uns bis an die Grenzen fordern, wenn wir uns selbst stärken, sei es körperlich, seelisch oder geistig.

Meine eigene Kindheit ist weitgehend glücklich verlaufen, und dies hat mich dennoch nicht vor einer tiefen, schmerzlichen Auseinandersetzung mit dem Leben bewahrt. Eine tröstliche Erkenntnis, dass wir alle unsere eigene Lebensfrage zu beantworten haben, wie immer unsere Kindheit verlaufen ist.

Kindheitserinnerungen

Erzähl mal ein bisschen über deine Kindheit ...

Ich wuchs in für ein Kind wunderbaren Verhältnissen auf. Auf einem großen Gutshof auf dem Land, mit vielen Tieren, in einem großen Haus voller Geheimnisse und verschiedenartiger Räume, in einem herrschaftlichen Haus, wie es damals bezeichnet wurde. Mit einem Blumengarten vor dem Haus und einem Gemüsegarten dahinter, einem gepflegten Park und einer großen Wiese mit Tieren. Mit Almwirtschaften, Bienenhäusern und Fischgewässern. Im Winter fuhren wir mit dem Pferdeschlitten, im Sommer mit Kutschen zum nächsten Ort. Es hatte mir damals an nichts gefehlt, obwohl Österreich in den Krieg verstrickt war. Mein Vater wurde nicht eingezogen, weil er an einem Magengeschwür litt. Als Jurist und Geschäftsmann reiste er durch ganz Europa und als Kind habe ich nicht hinterfragt, wie dies möglich war. Er fuhr auch während des Krieges immer wieder beruflich in die Schweiz, oder Schweizer Freunde kamen zu uns oder ich zu ihnen. Ich freute mich an den wunderschönen Spielsachen, die ich erhielt, einen Kaufmannsladen, eine Puppenstube voller Möbel, Bären und Kasperlfiguren, Schokolade, alles was es damals in Österreich nicht gab. Es war immer wie ein Wunder, wenn an Weihnachten die Tür aufging und unter einem riesengroßen Lichterbaum ein Märchenland sich auftat. Ich sehe es noch heute staunend vor mir. Damals war Weihnachten noch in eine tief verschneite Winterlandschaft eingebettet.

Du hast mir doch auch einmal von der Familie des Kutschers erzählt, dass du dich dort so wohlgefühlt hast?

Ja, in der Familie unseres Kutschers erfuhr ich eine mütterliche Wärme. In ihrer engen Küche drängten wir fünf Kinder uns um die rundliche Kutschersfrau, die meiner Wahrnehmung gemäß stets auf der Holzkiste saß, und nur aufstand, um ihr ein neues Scheit zu entnehmen und in den Ofen zu werfen. Hier spürte ich ein Geborgensein, das ich in meinem kühlen, eleganten Zuhause nicht fand. Ich bin dankbar, dass mich meine Eltern immer dorthin gehen ließen, war mein Vater auf Reisen, hielt ich mich zumeist dort auf. Ich wollte damals auch so gerne arbeiten – so wie die Bauernkinder. So ging ich mit ihnen aufs Feld und freute mich, mitzuhelfen und mir eine Suppe zu verdienen. Wir löffelten sie dann gemeinsam aus einer großen Holzschüssel.

Hast du eigentlich damals von der politischen Situation nichts mitbekommen?

Ich war in der glücklichen Lage, von der politischen Situation persönlich relativ wenig betroffen gewesen zu sein. Allerdings mussten wir nach dem Krieg mit Pferd und Wagen vor den Russen flüchten und konnten jeweils nur knapp der Verfolgung entgehen, bis wir die englische Zone erreichten. Dort wurden wir von den englischen Soldaten aufgenommen und auch gut behandelt.

Ich beobachtete, dass mein Vater damals vielen Menschen geholfen hat. Sei es, über Grenzen zu kommen oder im materiellen Sinn. In unserem Haus wohnten auch immer wieder Heimatvertriebene. Ich erinnere hier eine etwas unangenehme Geschichte: Eines Tages kamen aus dem Kriegsgebiet in Jugoslawien drei junge Mädchen in unser Dorf. Sie hatten nichts, keine warmen Kleider, keine Spielsachen und wenig zu Essen. Ich lud sie zu uns ein und habe ihnen meine schönsten Spielsachen geschenkt. Ich räumte beinahe mein ganzes Kinderzimmer aus, unbewusst vielleicht vom Märchen des Sterntalerkindes inspiriert, das alles hergibt bis zu seinem letzten Hemdchen. Es kam dann aber kein Goldtaler-Regen über mich, sondern eines der seltenen Erlebnisse, wo ich mit meinem Vater nicht einig war. Ich musste am nächsten Tag zu den Mädchen gehen und einen Teil zurückholen. Das hat meinem Kinderherzen so wehgetan, dass ich die Geschichte bis heute nicht vergessen habe.

Ich möchte damit nicht sagen, dass ich wie ein Engel war, wenn auch die Bauernkinder ein bisschen etwas Engelhaftes an mir sahen, vielleicht auch weil ich blond und ein Mädchen war und während meiner Schulzeit immer bescheiden und liebevoll. Später in der Schulzeit und im Studium unterstütze ich meine Freundinnen in ihren persönlichen Problemen. Dieses geschenkte Talent hat sich später als Juristin als wegweisend erwiesen, als ich junge Menschen im Gefängnis begleitete. Doch kaum hatte ich mit der Psychoanalyse begonnen, war es vorbei mit dem »*nur Engelhaften*«. Da kamen meine Schattenseiten in Träumen und analytischen Reflexionen zum Vorschein. Wir alle tragen ja immer beides in uns

Was war eigentlich der Anlass für deine Analyse?

Der Schmerz! Der Weltschmerz, mein Mitgefühl mit den Gefangenen – ich arbeitete damals als Untersuchungsrichterin. Dieser Schmerz hat sich dann mit meinem persönlichen Schmerz als Frau verbunden, der in der damaligen Zeit mit einem geistigen Streben weder in der Gesellschaft noch in der Familie verstanden wurde. Beides gemeinsam hat mich dazu gezwungen, zu mir selbst aufzubrechen.

Ein Kollege erzählte mir von der Analyse nach C. G. Jung und, dass man mit ihr als Mensch weiterkomme. *Weiterkommen* war schon immer ein magisches Wort für mich gewesen. So entschied ich mich, eine Analyse zu beginnen, ohne genau zu wissen, worauf ich mich einließ. Noch heute bin ich dankbar, dass ich mich etwas Unbekanntem, fast ein bisschen naiv, hingegeben habe.

Was verstehst du unter Weltschmerz?

Der Weltschmerz wird uns in die Wiege gelegt. Ingeborg Bachmann schreibt in ihrer Erzählung »Jugend in einer österreichischen Stadt« dazu. Er wird uns als Anlage und Aufgabe mitgegeben. Die Eltern können ihn mildern oder verstärken, aber sie sind nicht für den Weltschmerz eines Kindes verantwortlich.

In meiner Pubertät wurde mir bewusst, dass Mitgefühl auch ein hohes Maß an Projektion des eigenen Schmerzes enthält. Wie ich damals vor Mitgefühl für die Studenten, die an der Straße standen und von uns nicht mehr mitgenommen werden konnten, geweint habe, war in den Tränen gleichzeitig mein Weltschmerz angesprochen.

In diesem Sinne kann es ja auch zu großen Missverständnissen kommen. Kann man jemanden mit zu viel Mitgefühl nicht auch erdrücken?

Ja, auch Gefühle wollen kreativ geformt werden. Der Maler Wassily Kandinsky war ein Meister darin. Sich gegenseitig in Beziehungen zu verstehen, ist daher eine Kunst, weil Projektionen geschehen und wir uns darin verstricken, werden sie nicht bewusst und geordnet. Das Theater wäre uns ein Vorbild, in seinem spielerischen Umgang. Wir können nur toleranter werden, wenn wir unsere Schwächen annehmen und unbewusste Gefühle erkennen. Denken wir beispielsweise an das Gefühl der Einsamkeit. Sie erlöst sich nicht, wenn sich unsere innere Heimat hinaus verlegt. Es entsteht vielmehr eine enorme Abhängigkeit, die erdrücken kann, denn wir können darin dem anderen keinen Freiraum lassen. Wir sehnen uns aber nach Zugehörigkeit.

Ich habe erstmals erfahren, als ich aus meiner ländlichen Umgebung in ein Internat in die Stadt übersiedeln musste, was Geborgensein und Heimweh bedeuten. Bis dahin war ich in eine ganze Dorfgemeinschaft eingebettet gewesen. Plötzlich fühlte ich mich einsam und ungeborgen. Damals wurde mir bewusst, wie schwer es ist, eine Heimat zu verlassen und eine neue Heimat in sich selbst zu finden. Ich glaube, ich bin bis heute unterwegs, dieses innere Zuhause in der Welt zu finden. Dies, obgleich mir meine Eltern eine gewisse Selbstständigkeit mitgegeben hatten.

Heute sind mir die Träume dabei beglückende, unverzichtbare Begleiter. Sie haben mich auch zu meiner Lebensfrage und Bestimmung geführt.

Meine Eltern

Gab es Zeiten und Phasen, in denen du besonders sensibel gewesen bist?

Selbstverständlich, in Lebensübergängen zum Erwachsenwerden, wie zum Beispiel beim Eintritt in die Schule, mehr noch beim Wechsel ins Gymnasium. Da musste ich die Geborgenheit der Dorfgemeinschaft verlassen und in die große Stadt ziehen. Ich erinnere, dass ich schreckliches Heimweh hatte und viel geweint habe. Einige Jahre später kam ich in die Pubertät. Ich glaube, ich war keine große Revolutionärin gegen meine Eltern, aber gegen die Ungerechtigkeit in der Welt allgemein.

Damals begann auch meine bewusste Sinnsuche. Diese Nähe zum Weltschmerz bewirkte, dass ich auch alle anderen Krisen intensiver durchleiden musste, wie ich alles

Schöne beglückender erfuhr. Typischerweise erinnere ich auch, dass ich mich in der Pubertät, wie viele junge Frauen, nicht schön genug, nicht gescheit genug empfand und all diesem Hadern und Zweifeln ausgesetzt war. Mein Vater konnte mir darin als Mann auch nicht wesentlich helfen, in dieser Zeit hätte ich das Leitbild einer Frau gebraucht, die auch geistig Suchende war. In meiner Mutter konnte ich es leider nicht finden, aber ich begegnete Frauen, die Familie und Beruf verbunden hatten, die mich faszinierten. Sie strahlten eine Heiterkeit und eine Selbstständigkeit aus, die mich anzog. Natürlich suchte ich diese Frauenbilder auch in der Literatur. Die Leben der Marie Curie, Clara Schumann, Anaïs Nin und Anne Lindbergh waren es, die mich begeisterten und deren Lebensgeschichten ich verschlang. In diesen konnte sich mein geistiges Interesse beheimaten.

Mein Vater blieb trotzdem die tragende Figur in meinem Leben, auch dieser Zeit. Sein verstehendes und geduldiges Wesen trug mich immer wieder durch meine schwierigen Phasen. Ich glaubte sehr lange Zeit, dass ich die Probleme des Lebens ohne meinen Vater nicht bewältigen könne.

War das eine Art Abhängigkeit?

Ich habe es nie so empfunden, weil er nie Macht ausübte und seine Güte im Vordergrund stand. Ich denke, es darf zunächst eine starke Bindung zu unseren Bezugspersonen bestehen. Die Frage ist nur die Ablösung, die sich dann in meiner Geschichte durch die Analyse wunderbar vollzog. Wann immer ich mit einem Problem zu ihm gekommen war, versuchte er mich zu verstehen, und wir sprachen so lange miteinander, bis sich eine Lösung gefunden hatte. Wesentlich war für mich, dass ich mich von ihm als Mensch nicht bewertet sondern geliebt fühlte, auch wenn er sachlich nicht immer einer Meinung mit mir war. Dies scheint mir überhaupt die beglückendste Grundlage zu sein, die Eltern uns mitgeben können, dass wir uns als Mensch angenommen fühlen, unabhängig von unseren Leistungen in der Welt. Aus dieser Erfahrung heraus können wir immer wieder neu versuchen, eine sachliche Auseinandersetzung nicht auf uns selbst zu beziehen. Mein Vater und ich sind sicher ein gutes Beispiel für eine solche Grundlage gewesen. Trotzdem musste ich in der Analyse nochmals in der Entwicklung des Selbstvertrauens an das Thema herangehen. Nach zweieinhalb Jahren Analyse, in der sich aus meinen Träumen viel eigenes Selbstvertrauen entwickelt hatte, dachte ich plötzlich eines Tages: »Nun bin ich selbst in der Lage, auch ohne die Gespräche mit meinem Vater, die Probleme zu lösen.« Drei Monate später starb er. Ich war damals Mitte dreißig, lebte mit meiner Familie in der Schweiz und übte meinen Beruf als Juristin beim Kantonsgericht Schaffhausen in Teilzeit aus. Nach dem Tod meines Vaters war ich trotzdem zu einem neuen entscheidenden Schritt des Selbstständigwerden herausgefordert.

Wie ist dein Leben dann weiterverlaufen?

Ich folgte achtsam dem Entfaltungsprozess in der Analyse, in der ich herausgefordert wurde, an meinem Weltschmerz und dem geistigen Getriebensein zu arbeiten. Dies bedingte vor allem, die Projektionen auf meinen Mann zurückzunehmen und eigenständig einen Weg zu gehen. In meiner Generation als Frau war dies noch sehr unüblich und kaum toleriert. Daher war ich eine unverstandene Außenseiterin, selbst in der eigenen Familie. Das war schmerzvoll, aber das Reifen in eine innere Selbstständigkeit muss nicht unbedingt von der Umwelt erkannt oder bestätigt werden. Wesentlich ist, dass es einen Menschen gibt, wie beispielsweise eine Analytikerin, die den Prozess verstehend und mitfühlend begleitet.

Durch meinen Vater hatte ich gelernt, um das, was wesentlich ist, zu kämpfen, Konflikte in Gesprächen auszutragen und Beziehungen in schwierigen Zeiten nicht abzubrechen, sondern einen versöhnenden Weg zu suchen. Er hatte mich gelehrt, mit Menschen, die man liebt in einer lebenslangen, lernenden Beziehung zu bleiben, welche äußere Form sie auch immer annehmen mag. Meine Mutter kam aus einer Welt des Bewahrenden, der ein geistiger Wandel als Frau nicht vertraut war. Daher kritisierte sie diese Seite an mir und ahnte nicht, wie sehr sie mich damit verletzte.

Hast du dich in deinen Beziehungen oder deinen Partnern später nach deinem Vater orientiert?

Sicherlich war ich von ihm beeinflusst. Aber ob ich mich in der Beziehung zu meinem Partner an ihm orientiert habe? Unbewusst sicher. Vielleicht habe ich meinen Vater idealisiert, weil ich das Gefühl hatte, er hat mir die grundlegendsten Fähigkeiten mitgegeben für ein gelingendes Leben. Begeisterungsfähigkeit, Disziplin, Ausdauer, Güte und dass wir ein Leben lang Lernende bleiben dürfen und im Sieg und in der Niederlage als Mensch unantastbar sind. Eine große Aufgabe.

Meine Mutter hatte nach meiner Geburt ihre eigene Entwicklung aufgegeben, was damals durchaus üblich war aber eine menschliche Tragödie für sie darstellte. Trotzdem empfand ich eine große Liebe für sie und suchte auch ihre Anerkennung. Da ihr jedoch mein Wesen fremd war, konnte sie meine Sehnsucht nicht erfüllen. Ich bin jedoch sehr dankbar, dass sich in ihr, in den letzten Wochen ihres Lebens, eine Wandlung vollzogen und ein anderer Blick auf mein Wesen geöffnet hatte. Es tat ihr sehr leid, dass sie es nicht früher erkannt hatte. Vor dem Tod ist oftmals das Tor zur Liebe geöffnet und es war für uns beide ein zutiefst berührender und versöhnlicher Augenblick, der bis heute in mir weiterwirkt.

Kannst du heute als Analytikerin deine eigenen Probleme besser erkennen, beziehungsweise leichter lösen?

Wahrscheinlich kann ich als Analytikerin Sinn bezogener und bewusster mit ihnen umgehen, was die Situation sicherlich erleichtert. Beispielsweise, dass ich die Träume natürlich mit einbeziehe. Etwas zu lösen bzw. zu erlösen bedingt noch ein anderes Auseinandersetzen. Wir haben die gefühlsmäßigen Prozesse zu durchleiden und die spirituelle Ebene in der Bitte einzubeziehen.

Diese Wandlung vollzieht sich viel langsamer als die intellektuelle, für sie brauchen wir viel Geduld. Wie es schon Rilke in einem Gedicht schreibt: » *Wir leben das Leben mit wachsenden Ringen (...) Ich werde den letzten vielleicht nicht vollbringen, aber versuchen will ich ihn.* «
Wenn man immer wieder an ein und dieselben Orte zurückkehrt, kann man beobachten, ob ein Ring in uns gewachsen ist.

Als Analytikerin hast du sicher auch schwere Kindheitsgeschichten gehört, oder?

Die schwersten Schicksale sind mir während meiner Arbeit als Jugendanwältin begegnet. Ich entschloss mich auch in dieser Zeit mit einigen Jugendlichen, die im Gefängnis saßen, an ihrer frühzeitigen Freilassung zu arbeiten. Die gelungene, fruchtbare Auseinandersetzung mit ihrer Lebensgeschichte erlöste auch ein Stück meines eigenen Weltschmerzes. Über die Träume half ich, sie mit den Urbildern liebender Eltern zu verbinden und ihre Kränkungen konnten langsam überwachsen oder heil werden. Bis heute beglückt mich, *dass jeder menschlichen Seele zutiefst das Heilende eingeprägt ist* und wir aus diesem neu wachsen können. Dieses heilende Geschehen des kollektiven Unbewussten, das sich in Kunst und Religion spiegelt, wurde vor allem von Jung erforscht. Freud wollte an diese Dimension des Unbewussten nicht mehr herangehen.

Warum eigentlich nicht?

Freud war mit seinem Forschungsgebiet der persönlichen Ebene der Psyche zu seiner Zeit bereits bis an die Grenzen ausgelastet, während Jung auf Freuds Erkenntnissen aufbauen konnte. Ich bin dankbar, dass Jung über das persönliche Unbewusste hinaus diese psychische Ebene erforschte, in die die Urbilder eines heilenden Urgrundes eingeprägt sind. Diesen finden wir in Märchen, Religion und der Kunst vorgezeichnet. Ingeborg Bachmann schreibt in ihrem Gedicht »Böhmen liegt am Meer« in der größte Krise ihres Lebens: »*Zu Grund' gerichtet, wache ich ruhig auf. Und ich weiß, ich bin unverloren.*«

Das klingt schön und schrecklich zugleich.

Das stimmt, Jung spricht immer wieder von dieser Ambivalenz, dass ein Bild oder ein Geschehen erst dann ganzheitlich wird, wenn wir auch den Gegensatz mit einbeziehen. Wir wissen jedoch, dass die »schreckliche« Seite des Prozesses automatisch abläuft, während wir die schöne Seite zu schöpfen haben. Dies verlangt von uns, immer wieder innezuhalten und die vertrauenden Seiten abzuholen und in den Alltag einzuüben. Dieser Prozess scheint zunächst anstrengend, vielleicht manchmal auch schmerzlich, aber er ist zukunftsorientiert, wird zunehmend leichter und schafft Sinn. An den Dingen dran zu bleiben ist wesentlich für das Gelingende

Wie war das, als deine Mutter starb?

Sie starb nach meinem Vater, und ich machte eine ganz andere schmerzliche Erfahrung. Als mein Vater starb, weinte ich
drei Tage lang, dann hatte sich mein Schmerz erlöst. Beim Tod
meiner Mutter dauerte die Trauerzeit viel länger, weil unsere
Beziehung nicht erfüllt gewesen war – dessen bin ich heute
gewiss. Jetzt bin ich viel versöhnter mit ihr und kann mit ihrem Leben mitfühlen. Sie hatte beide Weltkriege durchlitten,
ihr Vater fiel im ersten an der Front und meine Mutter musste
sich als Kind für einen halben Liter Milch stundenlang in der
Eiseskälte im Winter für die Familie anstellen. Diese frühe
Härte hatte sie natürlich geprägt, auch in ihrer späten Resig-
nation dem Leben gegenüber, obgleich sie eine schöne, intelligente Frau mit einem herzlichen Lachen gewesen ist.

Das Wunder ereignete sich für mich nach ihrem Tode
durch die Träume. Drei Monate lang bestärkte sie mich in
Traumbotschaften, sandte mir darin beschützende und zärtliche Bilder zu, als wolle sie jetzt nachholen, was sie mir im
Leben nicht geben konnte. Jung und gesundet erschien sie
in den Träumen, die bis heute in mein Leben hineinwirken
und gleichzeitig auch immer unerklärlich bleiben werden.

Die Zündung

*Erzähl bitte nochmals, warum du eine Analyse beginnen
wolltest?*

Mehrere Dinge trafen damals zusammen. Wie du weißt,
war ich immer eine Suchende und von etwas getrieben gewesen, von dem ich nicht wusste, woher es kam und wohin es mich führen wollte. Hinzu kam, dass sich der Weltschmerz, den ich seit Kindertagen in mir trug, anlässlich

meiner Tätigkeit als Untersuchungsrichterin ins beinahe Unerträgliche gesteigert hatte. Das Unverstandensein als eine Frau, die suchen musste, zwang mich letztlich nach innen und zu mir selbst aufzubrechen.

Inwiefern fühltest du dich unverstanden?

Es war damals unverstanden, dass eine Frau über das Muttersein hinaus einen eigenen Weg einschlagen musste. Der Mann der damaligen Zeit sagte zwar, ich will eine selbstständige, intelligente und interessante Frau, unbewusst suchte er jedoch eine Mutter und ein ruhiges Leben. Möglichst ohne Auseinandersetzungen und anstrengende Gespräche sollte sich der Feierabend gestalten, während die Frau den Tag über mit Hausarbeit und Kindern alleine gewesen war und sich nach geistigem Austausch sehnte. Diese gegensätzlichen Bedürfnisse lösten in der Frau unglaubliche Spannungen aus. Sie war eingespannt zwischen den inneren Wirklichkeiten und den äußeren kollektiven Erwartungshaltung an sie. In dieser Spannung hätte sie Verständnis und Unterstützung gebraucht.

Wie verlief dein Leben damals?

Ich lebte mit meiner Familie in der Schweiz, in der wunderbaren Natur am Rhein in Schaffhausen. Ich war glücklich mit meinen beiden Kindern und trotzdem verspürte ich jene unsägliche Unruhe des Herzens, von der ich gerade gesprochen habe.

Heute ist mir bewusst, dass dieser innere Drang die Initiation zur Selbstentfaltung des Unbewussten war, denn ich spürte auch, dass es vorerst nicht darum ging, den Beruf als Juristin wieder aufzunehmen, sondern um eine Entwicklung in ein eigenständiges Selbstvertrauen. Diese war es, die mich letztlich trieb. Allerdings wurde gleichzeitig in der Schweiz gerade das Stimmrecht für Frauen eingeführt und im Zuge dessen wollte man möglichst viele Ämter mit Frauen besetzen. So wurde ich angefragt, ob ich nicht eine juristische Assistenz auf dem Kantonsgericht Schaffhausen übernehmen wolle.

Ich überlegte, wägte ab und zögerte zunächst noch. Auf wiederholte Anfragen hin sagte ich, als mein jüngstes Kind vier Jahre alt geworden war, dann zu. Es war allerdings kein leichtes Unterfangen, da ich in Österreich studiert hatte und mich ergänzend im Schweizer Recht einarbeiten musste.

Meine Arbeit mit Jugendlichen im Gefängnis

Ich wurde zunächst in den verschiedenen Bereichen der Justiz eingesetzt und auch stellvertretend als Untersuchungsrichterin. Hier kam ich erstmals mit der traurigen Lage von Gefangenen in Berührung und litt unsäglich darunter. Sie waren mit ihren Problemen auf engstem Raume eingesperrt und niemand kümmerte sich persönlich um sie und ihre Familie.

Als ersten Schritt mit diesem Leid umzugehen, trat ich der Gesellschaft für Kriminologie bei. Ich erkannte jedoch schnell, dass ich etwas Direktes beitragen musste, und es reifte in mir der Entschluss, direkt im Gefängnis mit Jugendlichen zu arbeiten. Einmal wöchentlich besuchte ich sie sodann für eine Stunde in einer engen kleinen Zelle hinter hohen Mauern. Einerseits spürte ich ein großes Vertrauen, etwas Sinnvolles zu tun, anderseits hatte ich auch ein wenig Angst. Zu meinem großen Erstaunen fassten die Gefangenen zu mir Vertrauen und öffneten sich in dem was sie bewegte. Meine Kinder spielten darin eine nicht unwesentliche Rolle, da sie ihnen kleine Geschenke bastelten und Kekse für sie gebacken haben. Ich sprach mit den Gefangenen über ihre schweren Kindheitserlebnisse und das, was sie in sich trotzdem verändern wollten. Wir waren auch in einem regen schriftlichen Austausch, der in ihrer Isolation viel für sie bedeutete. Entscheidend in ihrer Entwicklung war der Augenblick, an dem sie bereit waren zu ihrem Schicksal »Ja« zu sagen. Von dieser Wende aus begann für sie ein persönlicher Heilungsprozess.

Diese Arbeit dauerte drei Jahre und bewährte sich. Die jungen Gefangenen konnten vorzeitig entlassen werden und lebten dann vorübergehend in unserer Familie. Das war, wie sie immer wieder betonten, für sie so wesentlich, um ihr Leben wieder selbstständig in die Hand zu nehmen. Sie konnten von unserer Adresse aus eine Wohnung suchen und sogar eine neue Berufsausbildung beginnen und abschließen.

Zu dieser Zeit wurde ich angefragt, ob ich das Amt der stellvertretenden Jugendanwältin des Kantons Schaffhausen übernehmen wolle. Es war für mich eine große Ehre, als Ausländerin in ein staatliches Amt gewählt zu werden. Voraussetzung dafür war, dass ich die Landessprache lernte. Nun konnte ich für die jugendlichen Straftäter auch von Amts wegen, als Mensch, etwas tun und es heilten nicht nur ihre Wunden, sondern gleichzeitig auch ein Stück meines Weltschmerzes.

Vielleicht erklärt das, warum Ärzte, Krankenschwestern, Feuerwehrmänner usw. auch eine so große Befriedigung in ihrer Arbeit finden?

Ja, ich denke wir sehnen uns alle danach, etwas Sinnvolles zu tun. Teilen wir bewusst auch unseren Schmerz mit anderen, so heilen beide. Wesentlich ist, dass wir auch den eigenen Schmerz achtsam umsorgen, damit wir nicht dem Helfersyndrom erliegen. Der Helfende ist gefährdet, sich selbst zu vergessen. Achten wir auch uns selbst, können wir andere Menschen unterstützen, ohne uns zu opfern. Denn Liebe will sich teilen, das ist oftmals der Grund, selbst Therapeut zu werden.

Wusstest du das von Anfang an?

Ich ahnte es und tat es, aber bewusst wurde es mir in der Analyse und durch den Traum mit Jung. Aber ich hatte mich immer schon sowohl für eigene Gedanken und Gefühle, als auch für die anderer besonders interessiert. Der Auslöser, die Zündung für meine Analyse war letztlich der Satz eines Kollegen: »*Beginn eine Analyse, dann kommst du als Mensch weiter.*«

Dieser Satz hat mich so inspiriert, dass ich dieser Spur folgen musste und auf eine unendliche Reise gegangen bin. Nicht zuletzt auch auf eine Reise in die Sprache und Fülle des Seins. Es war mir, als lägen große Felder sprachlos in mir, ich hatte mich auch oft in Konfliktsituationen sprachlos gefühlt und traute mich in großer Gesellschaft nicht sagen, was ich dachte. In eigenen Dingen war ich weder mutig noch selbstvertrauend. Beispielsweise wollte ich schon als junges Mädchen schreiben, traute es mir aber nicht zu. Die Frage ist, wie gehe ich mit der Sprache um? Bewusst und liebevoll? Denn das Finden unserer Sprache ist eine wesentliche Stufe im inneren Entwicklungsprozess. Träume und Bilder ermöglichen uns, Unbewusstes in Sprache umzuformen.

Der Weg

»Der Weg« ist wesentlich, wenn wir uns für den Menschen interessieren, oder?

Ja, einerseits ist der Weg ganz wesentlich, weil er unserem menschlichen Urgrund eingeprägt ist und sich verwirklichen will, andererseits ist es für uns erleichternd, bewusst zu sein, dass wir einen Weg gehen dürfen und nicht alles schon können müssen. Sei es zu lieben oder zu vertrauen. Wir dürfen auch bedenken, dass zurück zu schreiten zum Weg gehört, wir nicht versagen oder an denselben Punkt zurückfallen, sondern wie beim Weg durch das Labyrinth, mit jedem neuen Aufbrechen der Mitte näher kommen. Ebenfalls zu erinnern ist, dass der Blick aus der Tiefe, der den Weg begleitet, nicht bewertet oder verurteilt, sondern ein liebender ist, wie Rilke so treffend dichtet: *»... lass Dir alles geschehen, Du musst nur gehen.«* Die Hürde, die sich für jeden von uns stellt ist, die Erkenntnisse in den Alltag und in die Beziehungen umzusetzen. Die Hürde zu überwinden bedeutet, dass wir Übende und geduldig werden. Alles, was uns unbewusst war, hat sich nach außen projiziert und die Rücknahme der Projektionen ist eine Herausforderung an uns. Beispielsweise den Vertrauensweg aus uns selbst zu schöpfen und nicht mehr in unseren Beziehungen zu erwarten verlangt, uns selbst und dem anderen Fragen zu stellen und zu hinterfragen, zu erkennen, mitzufühlen, verzeihend und versöhnlich zu werden. Auch dies dürfen wir üben.

Wie soll sich jemand, der im Stress lebt und zu viel arbeitet, um seinen inneren Weg kümmern?

Ich kann diese Frage gut verstehen, doch gerade dann ist es hilfreich, mit kleinen Übungen des Innehaltens und der Dankbarkeit zu beginnen. Es gibt ja kleine Wege oder Schritte, beides sind Quellen neuer Kraft und wir sind alle miteinander vernetzt; jeder geht seinen Weg auch für den Nächsten. In diesem menschlichen Reifen zwischen den Gegensätzen Macht und Liebe, Krieg und Frieden sind wir alle gemeinsam auf einem Weg. Ich denke, dass alle Ebenen, religiöse, politische, ethische, philosophische und vor allem die Herzensebene des Einzelnen und seine Talente gefragt sind, damit die Schöpfung gelingen kann. Im Geist unserer Zeit ist jeder gefordert, das Mögliche beizutragen. Gleichsam ist derjenige, der im Stress nur seine kleine Dankbarkeitsübung tun kann ins Ganze ebenso mit eingebunden wie derjenige, der den Individuationsweg beschreiten muss. Die Entwicklung geht individuell und kollektiv langsam voran, die Fortschritte ereignen sich nicht in dem von uns gewünschten Tempo und Geduld ist angesagt, das Gute im Auge zu behalten und die Schattenseiten nicht zu verdrängen.

Aber nehmen die Schattenseiten in der Welt nicht eher zu?

Das ist eine große Frage, ob wir ihrer im Zeitalter der Medien bewusster werden, oder ob der Zeitgeist dem Schatten auch entgegen kommt. Ich denke, sowohl als auch! Jedenfalls ist es umso wichtiger, sich im Positiven zu vernetzen und auch die eigenen Schatten zu erlösen.

Lang ist er und verzweigt, der Weg

Wie stellst du dir diesen Weg vor und wer muss ihn gehen?

Wir sprechen nun die ganze Zeit über diesen Weg, lass uns nur nochmals erinnern, was uns dazu treibt. Es wäre wunderbar, wenn viel mehr Menschen einen Weg gehen würden, aber derjenige, der ein Suchender ist, eine Sehnsucht in sich trägt, eine Unruhe des Herzens, den etwas drängt oder treibt, der zweifelt, ist dazu aufgefordert einen Weg zu gehen. Sind es auch nur wenige – und es waren immer nur wenige, die dies erkannt haben –, trugen sie zu bedeutenden Entwicklungen der Menschheit bei. Man kann eine Idee, ein Konzept nicht ablehnen, weil es nicht für alle erfüllbar ist.

Kann man das sagen: Rettet man ein Menschenleben, rettet man die ganze Welt?

Ein schöner und kluger Gedanke. Ein Menschenleben und ein Seelenleben zu retten ist religiös und philosophisch stark untermauert und persönlich sehr nachvollziehbar, wenn es um einen uns nahen Menschen geht.

Meinst du, dass sich im Grunde jeder selbst retten muss?

Das würde ich nicht so sagen. Es gilt auch hier das sowohl als auch. Ich erfahre, dass Rettung dann geschieht, wenn wir unser Mögliches bewusst tun und bitten, damit das Schöpferische des Unbewussten wirksam werden kann. Ich stimme mit deiner Idee überein, dass auch die ganze Welt gerettet wird, wird ein Menschenleben gerettet. Da wie wir besprochen haben, jeder mit seinem Leben auch die Welt schöpft.

Ist man auf dem Weg zunächst nicht alleine?

Dieses Alleinsein ist eine vorübergehende Notwendigkeit, um wir selbst zu werden. Es geht ja um eine Ablösung von fremdbestimmten Wertvorstellungen und eine Konzentration auf die eigene Innenwelt. An großen Menschen, die bedeutende Leistungen vollbrachten wie Gandhi oder Mandela können wir sehen, wie sie sich immer wieder in die Einsamkeit zurückziehen mussten. Diesen bedeutenden Einzelgängern verdanken wir die großen Fortschritte in der geistigen Menschheitsgeschichte. Im Individuationsprozess verwandelt sich dieses Alleinsein in ein ALL-EINS-SEIN. Diese Erfahrung setzt immer eine Einsamkeit voraus, die sich in eine größere Zugehörigkeit erlöst.

Geist der Zeit

Wenn du von Zeitgeist sprichst, was verbindest du damit?

Für mich, aus der Schule C. G. Jungs kommend, steht heute der Mensch und sein schöpferischer Wandlungsprozess im Mittelpunkt. Von mir aus gesehen ist dieser auch entscheidend für einen Weltfrieden. Gemeinsam mit Erich Neumann hat Jung sich vor allen Dingen der Selbsterkenntnis und Persönlichkeitsentfaltung gewidmet. Beide begriffen den Menschen selbst als ein Werk. In dieses wird das gesamte psychische Potenzial in einen Dialog und dialektischen Prozess zwischen Bewusstem und Unbewusstem einbezogen. Dieser dauert ein Leben lang an.

Jungs besondere Entdeckung war eine tiefere Seelenschicht der Psyche. Diese geht über die persönlichen Erfahrungen eines Lebens hinaus und umfasst weltumspannende Urbilder des Werdens der Persönlichkeit. Wir finden sie in Religionen, Kunst, Märchen und Mythen wieder. Sie tragen einen Prozess in sich, der auch persönliche Verletzungen überwachsen oder heilen kann.

Jung nannte diese Tiefenschicht das kollektive Unbewusste, dessen Zentrum er als das Selbst benannte. Das Selbst trägt schon alle Entfaltungsmöglichkeiten des Menschen in sich und drängt gleich dem Samenkorn eines Baumes zur Entfaltung. Es ist Weg und Ziel zugleich. Wesentlich ist, bewusst zu sein, dass wir auf diesem Weg ganz natürlich vor und zurück schreiten.

Erich Neumann, ein Jung-Schüler, widmete sich der Persönlichkeit von Leonardo da Vinci. In seinem Buch »Kunst und schöpferisches Unbewusstes« schrieb er in einem Essay, dass Leonardo da Vinci mit seinem Bild der Mona Lisa einen neuen Zeitgeist schuf. Das Religiöse trat als Wandlungsprozess in die Mitte der menschlichen Persönlichkeit. Der Mensch hier auf Erden war nicht mehr nur der arme, leidende Sünder, auch sein himmlischer Ursprung wurde nicht mehr ins Jenseits verlegt, sondern will eine Erfahrung des Menschen im irdischen Hier und Jetzt werden.

Warum nimmt die Religion die Eigenständigkeit des Menschen so wenig ernst?

Vorerst haben wir zu deiner Frage klar zu unterscheiden zwischen *Religion* und Kirche. Der Religion im christlichen Kulturverständnis ist – gerade im WEG – das Werden des Menschen in eine Eigenständigkeit inhärent. Was die Kirche und der Mensch daraus machen, ist eine andere Frage. Ein Ansatz vertritt, dass das herrschende Machtprinzip der Kirche keine Eigenständigkeit des Menschen wünscht und ihn abhängig und ängstlich lassen will. Ich persönlich folge einem positiveren Ansatz, dass die Kirche und auch die Religion selbst in einem Entwicklungsprozess stehen und zu stehen haben. Sie sind vor einem neuen Schritt.

Der große Denker Karl Rahner formulierte ihn folgendermaßen: *»Der zukünftige Christ muss ein Mystiker sein, das Reich Gottes ist inwendig und will in unserem irdischen Leben beginnen.«*

Was darf ich darunter verstehen?

Der Mystiker trägt wesentlich zur Geburt des Göttlichen in sich selbst bei und konzentriert sein Leben darauf. Er geht davon aus, dass das Reich Gottes inwendig in uns ist und in uns geboren werden will.

Sind wir eigentlich mehr von unserer Familiengeschichte geprägt, oder ist der destruktive Anteil ohnehin in uns angelegt?

Sowohl als auch. Ich folge Jungs Forschungsergebnissen, dass der Schatten schon dem kollektiven Unbewussten eingeprägt und Teil menschlicher Natur ist. Er kann sich individuell in den persönlichen Erfahrungen verstärken oder abschwächen. Die Soziologie geht davon aus, dass der Mensch vorwiegend durch gesellschaftliche und familiäre Strukturen geprägt wird. C. G. Jung, der sich mit dem kollektiven Unbewussten auseinandersetzte, erkannte den Schatten als eine Anlage im Menschen, mit der er auf die Welt kommt. Deshalb brauchen Kinder auch Märchen, um damit umgehen zu können. Die entscheidende Frage an uns ist: Erkennen wir diesen Schattenanteil und arbeiten wir an ihm?

Glaubst du, dass ein analytisch denkender Mensch auch anfällig sein kann für diesen destruktiven Teil?

Leider ja. Denn entscheidend in der Rücknahme der Projektion, der inneren Bilder, ist nicht allein der Verstand, sondern die Bewusstheit über den Schatten und die Arbeit an ihm. Ebenso die Versöhnung der Gegensätze in dem schöpferischen Wandlungsprozess, und sie auch zu durchleiden. Jung ging darin durchaus mit sich selbst ins Gericht und gestand: »*Jawohl, ich bin ausgerutscht.*« Der Mensch darf irren. Die Frage ist, ob er es erkennt, sich damit auseinandersetzt und es auch nach außen kundtut.

Hat das, was beispielsweise im Zweiten Weltkrieg passiert ist, nicht unsere gesamte Existenz in Frage gestellt?

Wie wahr! Unser aller Frage ist: Wie können wir nach diesen schrecklichen Ereignissen noch weiterleben, und was können wir tun und an uns selbst verändern? Jeder muss in dieser existentiellen Frage seine eigene Antwort finden. Ich persönlich bin davon überzeugt, dass die Selbsterkenntnis des einzelnen Menschen, insbesondere seine Schattenarbeit, wesentlich beiträgt, dass solche Kriege nicht mehr eintreten werden. Betrachten wir nur die kleineren Herde, wie schnell der Schatten im Einzelnen die Gewalt wieder entfacht. Die Schattenseiten nicht mehr zu verdrängen, sondern sie zu wandeln, steht im Mittelpunkt der Psychologie C. G. Jungs. Viele zeitgenössische Philosophen, Ethiker, Pädagogen fordern äquivalent auf, das Böse nicht mehr auf eine Figur im Außen, einen sogenannten Sündenbock, zu projizieren sondern, dass auch das Individuum in der Schattenarbeit zu Toleranz und Versöhnung beitragen muss. Dieser Reifungsprozess verläuft im Rhythmus des Vor und Zurück, wie gesagt, gleich dem Weg im Labyrinth und wir kommen dem Ziel immer näher. Durch ein bestimmtes Ereignis, wie zum Beispiel den Verlust eines geliebten Menschen, können wir augenblicklich in unserer Entwicklung einen großen schöpferischen Sprung nach vorne machen. Wenn wir diesen Blickwinkel nicht in den Alltag integrieren, entzieht ihn uns das Unbewusste wieder. Denn einerseits will das Unbewusste bewusst werden und andererseits nimmt es uns die Erkenntnisse. Wir stehen also immer als Individuum vor dieser ernsthaften Frage.

Beruf oder Berufung

Mich interessiert nochmals, wie erging es dir am Anfang deiner Analyse?

Ich dachte, wir haben schon über meinen Anfang der Analyse gesprochen, aber ich bin ja eine Freundin der Wiederholungen. Lass uns zuerst nochmals auf den Beginn der Analyse zurückgehen und dann auf das Thema Beruf und Berufung. Ich war sehr begeistert von diesen wöchentlichen Begegnungen in der kreativen Auseinandersetzung mit meiner Außen- und Innenwelt und spürte Fortschritte, wie ein neues Lebendigsein, das von innen kam und wie mein Selbstvertrauen wuchs. Eine Analyse war damals in der Gesellschaft weniger akzeptiert, auch in meiner Familie. Ich fuhr also die ersten drei Jahre, ohne es nach außen zu tragen, jede Woche zu meiner Analytikerin nach Zürich. Gemeinsam mit meinen beruflichen Anforderungen und Aufgaben in meiner Familie war das nicht einfach. Ich musste als Frau aufbrechen und hatte diesen Schritt alleine für mich zu verantworten und durchzustehen.

Dazu kam, dass ich für meine Arbeit im Gefängnis mehr Verständnis für psychologische Zusammenhänge lernen wollte. Trotzdem stellten sich zu Beginn der Analyse vorwiegend Themen, die meine persönliche Beziehung zu meinem Mann und meinen Kindern betrafen. Meine Analytikerin gab mir gleich zu Anfang die entscheidenden Sätze mit: »*Es gibt ein Leiden im Kreis, in dem wir vom Partner abhängig bleiben, und es gibt ein Leiden nach vorwärts. Die Grundlage dieses Leidens nach vorwärts ist: Ändere dich selbst und du änderst die Welt.*«

Also war von mir gefragt, zu verstehen, was hinter diesem Getriebensein stand, und wie es in einen Weg geformt werden konnte. Ich war gefordert, den Fokus nach innen zu richten, mein nach außen gerichtetes Temperament beherrschen zu lernen und mit den Impulsen geduldiger zu werden. Das bedeutete, immer wieder innezuhalten und in ein inneres Gespräch einzutreten, meine Bedürfnisse zu spüren und zu ihnen zu stehen, meine Talente zu erkennen und Selbstvertrauen zu lernen. Heute glaube ich, dass einem geglückten Lebendigsein eigen ist, unsere Anlagen zu entfalten und das Bitten zu erlernen.

Nun noch zum Thema Berufung: Meine Arbeit als Juristin sehe ich als Beruf. Ich war fleißig und zuverlässig, spürte aber immer, ich arbeite nicht in meinem Talent und ging daher weiter auf die Suche. Als ich in der Analyse durch einen Traum bestätigt wurde, Analytikerin zu werden, war mir gewiss, das ist meine Berufung und ich bin bis heute begeistert.

Woran erkennt man denn sein Talent?

Wir erkennen das Talent, indem wir uns hinterfragen, was uns begeistert, erfreut oder schon einmal begeistert hat und unserem Blickfeld entschwunden ist. Hinter der Begeisterungsfähigkeit steht der Geist, der unser Wesen aus der Tiefe bestimmt und sich im Talent verwirklichen will.

Die Träume inspirieren uns gleichsam Vergessenes, Verdrängtes, Unterdrücktes wieder zu erinnern, andererseits zeigen sie uns noch nie Bewusstes aus dem kollektiven Unbewussten auf, wie beispielsweise unsere Talente und das Vertrauensvolle. Bedeutungsvoll dabei ist, unsere Erwartungen, die wir an andere Menschen haben, als eigene zu erkennen, zurückzunehmen und zu verwirklichen. Das ermöglicht uns erst, den anderen zu hören, zu sehen und so anzunehmen, wie er ist.

Das Gefängnis der Erwartungen

Wie ist das mit den Erwartungen, zum Beispiel an einen Partner?

Der Partner kann besonders diejenigen Erwartungen, die unsere eigene Entwicklung betreffen, nicht erfüllen. Diese können nur wir selbst beantworten und erarbeiten. Ein Aspekt, der in Partnerschaften immer wieder zu tiefen Verletzungen und Missverständnissen führt. Sehnen wir uns danach, bestätigt zu werden, geht es eigentlich auch darum, eine Beziehung zum eigenen Selbstvertrauen, das in unserer Tiefe angelegt ist, aufzubauen. Dasselbe gilt auch für unsere Erwartungen, die wir an unsere Kinder haben.

Jürg Willi, der berühmte Paartherapeut aus Zürich, lehrte als einer der ersten, dass wir vom Partner genau das erwarten, was in uns selbst schlummert, sich verwirklichen und bewusst werden will.

Wir haben uns darüber schon ausgetauscht, dass alles was unbewusst ist, sich nach außen verlegt und dort die Erfüllung erwartet wird. Eigentlich rettet uns nur die Selbsterkenntnis vor dieser Erwartungshaltung. Der tiefste Sinn einer Partnerschaft ist letztlich der, dass wir uns durch den anderen auch erkennen. Das, was wir am anderen bewundern, oder was uns aufregt, sollten wir selbst hinterfragen. Das Schöne zu teilen bereichert das Lebendigsein einer Gemeinschaft, denn teilen und mitteilen erfreut. Wir dürfen den anderen wohl als Mittler unserer eigenen Entwicklung sehen, aber nicht als Mittel. Wurden wir schon in unserem Wesen als Kind nicht erkannt, geliebt und ernst genommen, mischt sich diese Erfahrung immer in die Partnerbeziehung hinein und es projizieren sich alte Erwartungshaltungen in eine gegenwärtige Situation.

Ist es nicht häufig so, dass Eltern ihre Kinder nicht lieben wie sie sind, sondern sie so haben wollen, wie sie sie gerne hätten?

Ja, das ist leider allzu oft so. Jemanden zu lieben, wie er ist, bedingt Selbsterkenntnis und ist eine Kunst. Das hängt mit unseren Projektionen zusammen. Eigenschaften, die uns unbewusst sind oder Möglichkeiten, die wir selbst nicht verwirklichen, erwarten wir von unseren Kindern und Partnern und wollen, dass diese sie erfüllen. Also lieben Eltern ihre eigenen unerfüllten Vorstellungen und Wünsche und nicht das Wesen des Kindes. Das führt zu vielen gegenseitigen Verletzungen. Das Erstaunliche daran ist, dass Kinder ihre Eltern lieben, unabhängig davon, wie sich diese ihnen gegenüber verhalten. Denn das Kind kommt mit einem liebenden Auge auf die Welt. Diese Liebesfähigkeit wurde mir nach dem Tod meiner Mutter besonders bewusst, als ich erkannte, dass ich als Kind eigentlich meine eigene Liebesfähigkeit an meiner Mutter erfahren hatte. Für diese Erkenntnis bin ich noch heute dankbar, denn sie hat die Beziehung zu meiner Mutter versöhnt. Es war diese bedingungslose Kinderliebe, die ich an ihr erfahren durfte, da sie meine Mutter war.

Worüber spricht man am Anfang der Analyse?

Zu Beginn einer Analyse sprechen wir hauptsächlich von unerfüllten Wünschen, Erwartungen und was uns am Partner aufregt. Die wesentliche Frage an uns ist jedoch, nicht ins Außen zu blicken, sondern uns nach innen zu wenden. Und uns zu hinterfragen, was will sich in einer gegebenen Situation in mir entfalten oder verändern, und was kann ich dazu beitragen, dass es gelingen kann. Wo liegen meine Talente, meine Stärken, stehe ich zu ihnen und bringe ich sie mit meiner vertrauensvollen Seite in Verbindung? Diese Auseinandersetzungen mit uns selbst und das Bewusstwerden bisher unbewusster Möglichkeiten anhand der Träume stärken schon bald unser Selbstvertrauen. Denn alles, was unbewusst ist, projiziert sich nach außen, vornehmlich auf unsere Partnerbeziehung. Beispielsweise kann es vorkommen, dass uns die Langsamkeit des Partners massiv stört. In der Analyse hinterfragen wir uns sodann, hat die Muße in meinem Leben zu wenig Raum? Brauche ich mehr Langsamkeit in meinem Leben? Oder stört mich meine eigene Langsamkeit? Ich erkannte damals auch selbst, dass ich in Freiräumen und dem Blick nach innen immer wieder an einen Strom inneren Lebendigseins angeschlossen wurde. Das war zu Beginn der Analyse die größte Überraschung. Es war ein wunderbar befreiendes Gefühl, vom anderen sein Eigenes nicht mehr erwarten zu müssen. Später wurde mir bewusst, dass es die Beziehung zum Unbewussten war, die dies bewirkte, oder nennen wir es den inneren Prozess, er schloss einen Kreis zwischen dem Ich und meinem unbewussten Gefühl, das mich erst selbständig werden ließ.

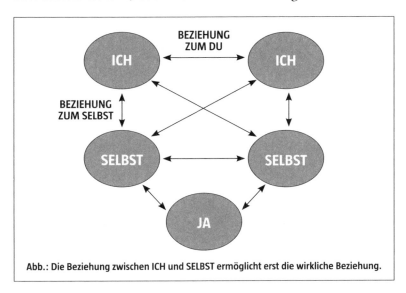

Abb.: Die Beziehung zwischen ICH und SELBST ermöglicht erst die wirkliche Beziehung.

Auf den Weg gehen – das klingt so einfach ...

Ja, Du hast Recht, auf den Weg gehen ist erst der Impuls. Den Weg selbst dann zu gehen, die Möglichkeiten, die das Unbewusste vorschlägt, in den Alltag umzusetzen, fordert mehr von uns.

Auf der inneren Landkarte können wir uns anhand der Träume orientieren, das hilft uns für das Üben sehr. Die jeweiligen Stationen entstehen ja dann aus dem *Gehen*. Das ist für uns zielorientierte Menschen nicht leicht. Auch zu erkennen, dass wir den Weg zu gehen haben, verdanken wir oft einem geglückten Zufall. Der Weg macht sich zunächst in einer Unruhe des Herzens bemerkbar, wir sind Suchende und tragen eine Sehnsucht in uns, ohne zunächst zu wissen, wonach. Diese Sehnsucht projiziert sich fataler Weise auf unsere Partner und die Beziehungen. Im Wesentlichen geht es jedoch um unseren Weg der Selbstfindung, dass wir uns nach dem von uns getrennten, unbewussten Anteil der Psyche sehnen, der ja sechs Siebtel unserer psychischen Möglichkeiten ausmacht. Gleichsam geht es beim Weg nach Innen auch um ein Ordnen und Formen unkontrollierter Emotionen in ein Gefühl, wie beispielsweise die Wut in einen heiligen Zorn. Wir sprechen dann von einem durch den Filter des Herzens und die Vernunft gereinigten Gefühlsprozess.

In einem Vortrag wurde ich gefragt, was denn ein heiliger Zorn sei? Er ist eine bereits in ein Gefühl gewandelte Emotion, und ich kann damit auf ein ungerechtes Geschehen angemessen reagieren. Das bedeutet, ich kann bereits wählen, das Gefühl jetzt oder später zu äußern oder zu schweigen. Emotionen überfallen uns, sie sind in den Märchen als wilde Tiere symbolisiert. Hier besteht noch keine Freiheit zu reagieren oder nicht zu reagieren. Maßlose Wut zerstört die Beziehung zu uns selbst und anderen.

Betrachten wir ein anderes Gefühl, die Einsamkeit, da kann es manches Mal genügen, die Emotion des Alleinseins anzunehmen und durch uns hindurchfließen zu lassen. Es dauert zumeist nur Sekunden und sie erlöst sich, weil wir sie liebevoll einbeziehen. Wir dürfen nur nicht in ihr verharren. Hilfreich in diesem Gefühlsprozess ist eine Körperübung, die uns wieder zu uns selbst führen kann, sei es Schwimmen, Gehen oder Tanzen. Heute, in der modernen Zeit, wird dieses Verwandlungsgeschehen als Prozess bezeichnet.

Prozesse finden also auf dem Weg statt?

Ich denke, dass beide Begriffe dasselbe ausdrücken wollen. Weg ist die poetischere Bezeichnung der Literatur und Religion, Prozess ein Begriff der Psychologie und Philosophie der modernen Zeit. Auf diesem Weg finden Prozessphasen und lebendige Zeiträume und viele Stufen statt, kleinere und größere Schritte, die selbst Ziele sind. Unser bewusstes Ich kann sich prozessmäßig jeweils anhand der Märchen, an der Figur der Heldin orientieren.

Sie ist Leitfigur in eine innere Freiheit und Würde. Wir dürfen uns jedoch nicht mit der Heldin identifizieren, sie symbolisiert nur den führenden Anteil auf dem Weg. Das ist ein bedeutsamer Unterschied, ob ich etwas bin, oder ob eine Seite in einer Figur dargestellt ist. Die heldenhafte Seite zeichnet sich dadurch aus, dass sie vertrauensvoll, geduldig, ausdauernd und leidensfähig handelt und vor allem, dass sie aus Krisenzeiten immer wieder neu aufbricht. Aber auch die Schattenseiten gehören zum Reifen der Heldin, wie wir im Aschenputtel sehen. Und auch die Schattenseiten wollen sich wandeln, wie uns die Märchen aufzeigen.

Gerade anhand von Aschenputtel können wir den Prozess der Heldin auf ihrem Weg beobachten. Sie geht zu Beginn immer wieder an das Grab der guten Mutter und lässt sich von ihr stärken, bis sie in die Auseinandersetzung mit den Schattenseiten aufbricht. Das bedeutet, sie muss zuerst ihr Vertrauen stärken, Kraft sammeln, bis sie sich mit den Schatten konfrontieren kann. Das kann für uns heißen, uns auf unsere Talente zu besinnen, auf das, was wir gut können, sowie unsere Stärken zu erinnern. Im Märchen beginnt der aktive Prozess des Aschenputtels erst, als der Vater ins Geschehen eintritt und im Geschenk des Haselzweiges ihr inneres Wachstum initiiert. In ihm kann sie den Demütigungen der stiefschwesterlichen Stimmen zunächst widerstehen und entkommen. Der Zweig erwächst zum Baum, er wird zu ihrem Lebensbaum, als Symbol neuer Erkenntnisse und Möglichkeiten, auf die sie zurückgreifen kann in ihrer Not und in ihren Wünschen. Die prachtvollen, von ihr abgeworfenen Kleider zeigen ihre neuen Stärken, ihr Bewusstwerden einer inneren Schönheit an, sowie ihr Vertrauen als Frau zu sich selbst. Noch immer ist es zunächst ein vorübergehender Tanz, Augenblicke der Einsicht, bis sie in ihre Würde als Mensch, versinnbildlicht in der Hochzeit, heranreift.

Wie gehst du deinen Weg?

Wie ich den Weg gehe fließt in alle Antworten ein, die ich dir gebe, und auch meine eigenen Erfahrungen tun dies. Tägliches Üben in Körper, Seele und Geist, Strukturen und Rhythmus helfen mir, Widerstände zu überwinden. Die vertrauensvollen Seiten täglich und im Augenblick anzusprechen, befreiende Gefühle mit dem Atem zu nähren, sind mir ebenfalls wesentliche Gefährten. Es ist uns viel weniger vertraut, Eigenes zu schöpfen, zu meditieren oder zu malen, als andere Menschen zu betreuen. Beides sehe ich als meine Aufgabe. Nehmen wir diese ernst, ist unser Leben nicht immer einfach, aber wir erleben eine Fülle, die beglückt. Ich beziehe vor allem täglich auch die Träume als sinnvoll ergänzende Botschaften ein.

Träume sind Boten

War es schwieriger, sich mit den eigenen Befindlichkeiten auseinanderzusetzen oder mit jenen der Analysanden?

Es scheint allgemein schwieriger zu sein, uns der eigenen Innenschau, vielleicht besonders als Frau, zuzuwenden, als Mutter zu sein oder einem Beruf im Außen nachzugehen. Das Schöpfen des Eigenen war mit einer Anstrengung verbunden, einem disziplinierten Zuwenden. Wenden wir uns jedoch der Innenwelt zu, erkennen wir, wie sehr sie unser Jetzt und unser ganzes Leben bis zum letzten Atemzug mit Sinn erfüllt. Unterwegs in ihr lernen wir neue Bereiche kennen, die uns wesentlich lebendiger und dem Innen zugehörig werden lassen. Träume sind darin ergänzende Boten des Unbewussten, die unser Bewusstsein erweitern und vertiefen. Aus dieser Tiefe heraus werden wir Vertrauende.

Ich erinnere mich, dass ich das erste halbe Jahr meiner Analyse weder Träume erinnern konnte, noch sie wirklich ernst nahm oder ihnen gar vertraute. Trotzdem widmeten sich meine Analytikerin und ich auch einzelnen Bildern und Impulsen von ihnen. Das hatte zur Folge, dass ich ein gutes halbes Jahr später beinahe von Träumen überflutet wurde.

Das Leben mit meinen Träumen erscheint mir heute, als sei mir ein zweites Leben geschenkt worden, das ich allerdings achtsam zu pflegen habe. Auch wenn sie nicht immer einfach und schön sind, bereichern sie mein Leben und tragen stets einen Punkt in sich, an dem ich lernen und etwas entfalten kann. Ich bin dankbar, dass ich mich ihnen damals öffnen konnte. Die Träume haben mich erst zum Lebendigsein erweckt.

Das klingt eindrucksvoll! Meine Träume bestehen oft nur aus unzusammenhängenden Bildern und sind ziemlich chaotisch. Waren deine Träume schon anfangs bedeutungsvoll?

Nein, nein! Meine Träume waren zunächst nur bruchstückhaft und wir bearbeiteten in der Analyse fleißig auch diese sogenannten Traumfetzen. In diesem Zuwenden – Träume wollen Achtsamkeit – entwickelte sich ein reiches Traumleben. Zunächst setzen wir uns ja mit dem Schattenbereich auseinander und die Themen sind noch von Bildern der Gewalt und des Kämpfens bestimmt. Unsere vertrauende Weite der Seele leidet unter unserem Widerstand, unseren Zweifeln, der Angst und der Überheblichkeit des Bewusstseins. Denn der Geist der Träume ist die Inspiration eines göttlichen Kindes, das in den Träumen zunächst oft vergessen wird, verlorengeht, bedroht oder hungrig erscheint. Mit unserem Wachsen verändern sich auch die Träume. Stärkt sich unsere vertrauende Seite, stillt sich auch der Hunger dieses Kindes und es schenkt uns ermutigende und zuversichtliche Traumbilder.

Schreibst du deine Träume auf?

Zu Beginn der Analyse schrieb ich sie nicht gleich auf, die Trauminhalte haben mich erst wirklich ergriffen, als ich mich aus dem persönlichen Verstricktsein einigermaßen herausgearbeitet hatte. Später erreichten die Bilder dann diese bedeutungsvolle Ebene, eine Ebene, wie Jung sie in den späten Gedanken beschreibt, wo das Zeitliche und Ewige sich berühren. Von dieser Tiefe bin ich bis heute ergriffen, sie berührt mich. In diesen Jahrzehnten habe ich viele Träume und Gedanken in meine Tagebücher geschrieben, durch die ich mir sehr wünsche, noch einmal schreibend hindurchgehen zu dürfen. Diesen Freiraum gab mir mein bisheriges Leben nicht.

Ich glaube, dass ich erst jetzt beginne, meinen Traum mit Ingeborg Bachmann zu verwirklichen, der ja damit endete, dass ich einen Wunsch an sie stellen durfte: »*Ich muss schreiben!*« rief ich, zu Tränen berührt. Und der Traum begleitet mich jetzt eben in meinem Schreiben. Ich bin ja keine Schriftstellerin, sondern eine Analytikerin mit einem Bachmann-Traum, die schreiben muss.

Mich berührt dein Traum, es scheint mir wie ein großes Glück. Kennst du das aus anderen Bereichen auch?

Ein großes Glücksgefühl habe ich außer in den Träumen nach der Geburt meiner beiden Kinder erfahren, es war eine unbeschreibliche Glückseligkeit und Dankbarkeit, die schmerzlich erlitten ist. Und im Erwachen aus der Bewusstlosigkeit während meiner Krankheit, als ich fühlte, ich sei in ein großes Meer von Liebe eingetaucht gewesen. Zehn Jahre später, als ich endgültig genesen war und wie neu in die Welt erwachte, ergriff mich ein großes Staunen.

Heute erlebe ich ähnliche kleine Glückseligkeiten, wenn ich Menschen in der Traumarbeit in solch erlösenden Augenblicken begleiten darf, oder am Ende eines Tages, an dem wir in der Gruppe mit Träumen gearbeitet haben. In der Innenwelt bedrängen destruktive Stimmen unsere Vertrauensbildung, bis sich diese beglückt in die Freiheit durchzuringen vermag. So gleicht der innere Prozess einer fortlaufenden Geburt, ihren Schmerzen und Glückserlebnissen.

Ich denke noch über andere Bereiche nach, zum Beispiel über die Märchen. Mein Lieblingsmärchen war immer das Aschenputtel. Ganz spät in meiner Analyse durfte ich es träumend heiraten. Ein unglaubliches Glücksgefühl begleitete mich damals beim Erwachen.

Jeder kann seinen Mythos, die Frage an sein Leben, auch in seinem Lieblingsmärchen finden. Das bereichert die innere Arbeit. Wenn wir unsere Träume aufschreiben, können wir später diese Entwicklungen durch das Nachlesen klar erkennen und das ist beglückend. Darin wächst auch von Jahr zu Jahr unser Vertrauen in die Träume und vielleicht werde ich mit 90 über mich lachen, wie ungläubig ich mit 75 Jahren noch war.

In unser Menschsein immer mehr hineinzuwachsen ist unser dauerhaftes Glück und zieht sich wie ein sonnenhaftes feines Gespinst durch unser Inneres. Es unterscheidet sich vom Glück des Augenblickes.

Wer waren eigentlich deine Lehrer?

Meinst du meine Analytiker oder Menschen, die mir Vorbilder waren? Deren gab es viele. Zunächst waren es große Frauen wie Anaïs Nin, Clara Schumann oder Marie Curie, Elsa Morante, Nathalie Ginzburg, Ingeborg Bachmann und Hilde Domin. Später sind es dann mehr Männer gewesen, die ich als Lehrer empfunden habe, zunächst, wie ich dir erzählt habe, mein Vater in seiner weisen Güte und Fähigkeit zu begeistern. Jean Gebser beeinflusste mich in seiner Gesamtschau des Lebens, Rudolf Steiner mit seinem Buch »Erkenntnisse höherer Welten«. Krishnamurti, Karlfried Graf Dürckheim durfte ich persönlich erleben und die religiösen Philosophen wie Romano Guardini, Karl Jaspers, Rabindranath Tagore beheimateten mich in meiner Suche. Letztlich den Durchbruch in all meiner Suche erfuhr ich durch Carl Gustav Jung in seinem Buch »Die Beziehung zwischen dem Ich und dem Unbewussten«. Ich ahnte zunächst mehr, als ich es wusste, dass ich nach dem von uns getrennten Seelenteil forschte. Darin wurde mir der Traum zum Lehrer.

Meine erste Analytikerin kam noch aus der alten Garde, die Jung selbst erlebt hatte und mit ihm zusammenarbeiten durfte. Die Träume wurden damals sehr ernst genommen, als der Königsweg zum Unbewussten. Allerdings wurden die Träume damals noch mehr gedeutet und die Traumsymbole auf mythologische Themen zurückgeführt.

Heute lassen wir die Trauminhalte viel mehr körperlich oder künstlerisch gestalten und die Botschaft des Unbewussten *erfahren*. Gleichzeitig umkreisen wir die Träume gemeinsam und reichern sie mit Inhalten aus Märchen oder der menschlichen Geistesgeschichte an, sodass die Bilder für den Träumenden selbst schlussendlich stimmig werden. Wir versuchen, die Verbindung zum Alltag herzustellen. Hat jemand beispielsweise eine negative Muttererfahrung und träumt von einer warmherzigen, weiblichen Figur, dann regen wir an, dass die Analysandin versucht, diese positive Figur zu gestalten, mit dem Körper, mit aktiver Imagination oder malend. Um zu erleben, wie sie ist, wie sie fühlt, was sie sagen würde. Ich höre nicht selten, *»Ja, sie würde mich umarmen und annehmen, wie ich bin, zweifelnd oder vertrauend.«* Dieses tiefe JA zu uns selbst ist unser tiefster mütterlicher Urgrund, aus dem wir neu wachsen dürfen. Dieses JA gilt es in den Alltag einzuüben.

Meine beiden Lehranalytiker waren Physiker aus Amerika, ich hatte sie auf ganz unterschiedliche Art gefunden. Was war mir darin zugefallen? Ich weiß, dass sich C. G. Jung in seinen späten Jahren sehr für die Physik interessiert hat. Darüber gibt es auch einen veröffentlichten Briefwechsel zwischen Wolfgang Pauli, Nobelpreisträger der Physik, und Jung. Mein Lehranalytiker Arnold Mindell beschäftigt sich auch heute intensiv mit dem Zusammenhang von Materie und Psyche, deren Gesetze scheinbar von einem unsichtbaren Steuermann gelenkt werden. Wir gehen heute davon aus, dass Geist und Materie eins sind. Einen Ausdruck für diese Gemeinsamkeit bedeutete für Jung die Synchronizität, das Zusammentreffen akausaler, jedoch Sinn bezogener

Ereignisse psychischer und physischer Natur. Ein solches beeindruckendes Phänomen erfuhr ich anlässlich eines Traumes, in dem mir Anna Selbdritt als eine überpersönliche, starke Frau einen immergrünen Kranz öffnete. Sie lud mich ein darin einzutreten, mit den Worten »*Zweifle nicht, du gehörst zu uns!*«

Den Traum träumte ich in den zwölf heiligen Nächten der Weihnachtszeit. Unmittelbar vor Heilig Abend hatte mich zur gleichen Zeit ein geheimnisumwitterter Brief aus Amerika erreicht. Ich öffnete ihn erst an einem Spätnachmittag zwischen den Festtagen. Darin befand sich die wundersame Briefkarte mit dem Bild der Anna Selbdritt, gemalt von Leonardo da Vinci.

Bis heute bin ich berührt von diesem synchronen Ereignis. Wir sind doch immer wieder auch Zweifelnde, und ich darf mir das Bild der Anna Selbdritt in Momenten des Zweifelns herholen.

Wie würdest du den Unterschied von den Gesprächen zwischen einem guten Freund und einem Analytiker beschreiben?

Der Analytiker lernt in seiner eigenen Lehranalyse sein Inneres weitgehend kennen, ist sich seiner Schwächen, Stärken und Wunden so bewusst, dass er schweigen kann, wenn er anderen Menschen zuhört. Die Erfahrungen des Analytikers dürfen zwar mitgestalten, sie dürfen sich aber nicht mit den Inhalten des Analysanden vermischen. Er kann dadurch – und muss – ganz genau hören, was jemand sagt und was seinem Wesen entspricht, während bei einem Freund das eigene Unbewusste in Gespräche oft hineinspielt und er Antworten gibt, die er sich selbst zu geben hätte. Der Analytiker ist durch die eigene Analyse befreiter davon, sie ist deshalb für die Begleitung anderer Menschen unverzichtbar.

Warum reden die meisten Menschen gern von sich und fragen so wenig?

Ich gehe davon aus, dass sie eine Sehnsucht nach Selbster-kenntnis in sich tragen und dass das Innere erkannt wer-den will. Gespräche, in denen jeder nur von sich redet, was er denkt, was er zu sagen hat, was er gut und schlecht fin-det, was er erlebt hat, sind nicht interessant. Interessant ist die schöpferische Essenz der Erfahrung. Sie inspiriert bei-de Gesprächspartner. Neulich erzählte jemand von seiner Reise. Es langweilte mich und ich fragte, was hast du aus deinen Erlebnissen gelernt, und ich war sofort interessiert. *»Dankbar zu sein für mein Leben hier in Europa.«* Diese Ant-wort inspirierte mich und stellte mich zufrieden. Zuhören ist ein Talent und es gibt Menschen, die von Natur aus bes-ser zuhören können als andere. Aber das Zuhören muss einen Sinn erfüllen. Ich erfahre, dass wir uns sinnvoll aus-tauschen können, wenn wir gegenseitig Lernende in unse-ren Gesprächen sind. Wenn jemand nur klagt und nicht an seiner Entwicklung interessiert ist, wird der andere lustlos zuzuhören oder zu helfen.

Sollten wir ihm das dann auch sagen?

Ja, sachlich und auf einen Inhalt bezogen. Der Gesprächs-partner soll sich in seinem Selbstvertrauen nicht angegriffen fühlen, denn niemand hat genug Vertrauen. Dieses darf aus dem *Prinzip der Menschlichkeit* nicht verletzt werden. Bei Kin-dern ist es uns viel klarer, dass wir zu versuchen haben, eine Handlungsweise zu hinterfragen, während sich das Kind als Mensch angenommen und geliebt fühlen soll, auch wenn es Fehler macht. Bei Erwachsenen sind wir uns zu wenig bewusst darüber, dass wir Inhalte und Verhaltensweisen ei-nes Anderen hinterfragen können, ohne ihn als Mensch in

Frage zu stellen. Monologe können wir mit einer Frage nach der Essenz unterbrechen oder humorvoll damit umgehen, da dies weniger verletzt. Aber es liegt auch an uns selbst, klar zu sein, für welche Gespräche wir jetzt die Kraft haben und zu beobachten, ob wir abwertend und verurteilend sind oder verstehend hinterfragen. So können Gespräche einen versöhnenden Verlauf nehmen, wenn sie mitfühlend sind.

Was ist eigentlich der Unterschied zwischen einer Analyse und einer Therapie?

In der Therapie wird zumeist eine Krise begleitet, Standpunkte werden geklärt und geordnet, eine neue Anpassung an eine Situation wird gesucht, persönlich oder beruflich. Eine Therapie endet, wenn die Krise abgeklungen oder eine Einstellungsänderung im Innen oder Außen gefunden ist. Eine Therapie kann das Tor zu einer tieferen analytischen Auseinandersetzung mit dem Unbewussten werden, wenn jemand plötzlich Feuer fängt und mehr über sich erkennen will.

Die Analyse ist in einem kreativen Dialog ein tiefgreifender Wandlungsprozess zwischen dem Ich und dem Unbewussten. Um diese Tiefe zu erfahren, wie schon gesagt, sind wir gefordert, uns zunächst mit den Schattenseiten, unseren Ängsten und Zweifeln zu konfrontieren, sie einzuordnen und in ein stimmiges Maß zur Situation zu bringen. Das Ziel als Mensch ist: *Werde, der du bist,* ein Vertrauender, der auch immer ein wenig zweifeln darf.

Wer oder was entscheidet, ob man eine Therapie oder eine Analyse machen soll?

Eine Therapie kann der Einstieg zu einer Analyse sein. Letztlich bestimmen es die Träume und eine bewusste Entscheidung.

Mich hat die entwicklungsorientierte Richtung Jungs angezogen, die die Vollständigkeit im Auge hat. Sie bezieht Kunst, Philosophie und Religion ein und ein Sinn bezogenes Verständnis der Träume. Sie waren seinerzeit die Initiation, mich zu orientieren, als ich in meiner Analyse den Wunsch verspürte, tiefer in die Gedanken Jungs einzudringen und das Studium der analytischen Psychologie zu ergreifen. Auf meinen diesbezüglichen Impuls hin erklärte meine Analytikerin:

»Die Psychologie C. G. Jungs kann man nicht studieren, zu ihr müssen Sie durch einen Traum berufen sein.«

Obgleich ich zweifelte, träumte ich einen großen Traum, in dem ich C. G. Jung selbst an seinem hundertsten Geburtstag in seinem Haus in Küsnacht begegnete. Ein Licht umgab ihn, er fasste mich an den Armen und bestärkte mich, diesen Weg zu gehen. Bis ich den Träumen vertrauen konnte und sie als Ratgeber anerkannte, dauerte es lange. Aber diese bestimmende Begegnung mit C. G. Jung erschien mir schon im Traum wie ein Wunder. Der Traum ging noch lange weiter und zeichnete meinen Weg voraus. Schließlich konnte ich akzeptieren, dass der Weg, den wir gehen müssen, uns wählt und bestimmt, und nicht wir ihn.

Talent und Berufung

Talent und Berufung – das ist einfach gesagt.

Ja, aber es ist einfacher als es klingt. Wir tragen im Unbewussten einen lebendigen Kern in uns, der auch unser Talent in sich birgt und ebenso den Weg, der unsere Persönlichkeit zur Reife bringen will. Die äußere Motivation genügt oft nicht, um Sinn zu erfahren oder das Talent zu entdecken.

Junge Menschen können sich in ihrer Berufswahl daran orientieren, worin sie Freude verspüren und begeistert sind. Dort liegt unsere Bestimmung, mit dieser können wir in der Welt unsere Aufgabe gut erfüllen. Selbstverständlich ist es für viele notwendig, möglichst schnell einen Brotberuf zu ergreifen.

Mir ist bewusst, dass wir nicht alle Menschen mit dieser Idee erreichen können und es fällt mir die Regel vom Goldenen Schnitt ein, die uns klärend helfen kann: Ein Drittel der Menschen kann durch eine bestimmte Person im richtigen Augenblick ermutigt werden, ein Drittel sehnt sich bereits innerlich danach und ist total offen für Anregungen. Bei einem Teil der Menschen müssen wir leider akzeptieren, sie nicht inspirieren zu können. Wenn wir aber die zwei Drittel ansprechen können, ist doch viel gewonnen. Denn ihr Weg wird auch für andere wirksam. Dies kann ein Werkmeister in einem Betrieb sein, der einen suchenden Jugendlichen auf seinem Weg begleitet, oder ein Arzt, ein Analytiker und ein Freund.

Damit wird klarer, was du mit Berufung meinst.

Mit »*zu einer Tätigkeit berufen zu sein*« meine ich natürlich nicht nur durch einen Traum. Ich möchte uns inspirieren, auch selbst zu hinterfragen, was uns begeistert, was uns freut und was unser Talent ist. Formen wir es mit Fleiß und Ausdauer und stellen es in den Dienst anderer, erfahren wir Sinn.

Als Juristin war ich sorgfältig und pflichtbewusst, aber ich spürte, dass dieser juristische Zugang nicht mein eigenes Talent traf. Erst als ich die Freude und Begeisterung in meiner analytischen Arbeit erfuhr, spürte ich, was mein Talent ist: verstehen, mitfühlen, fördern, unterstützen – nicht verurteilen und bestrafen war meine Bestimmung.

Ist dieser verstehende, mitfühlende Zugang nicht noch eher klein in der Welt?

Ja leider, in meiner Generation durften wir kaum von der Seele sprechen, ohne gleich als esoterisch oder als ein bisschen verrückt betrachtet zu werden. Wir Frauen waren jedoch Trägerinnen eines nicht mehr aufzuhaltenden Prozesses des Weiblichen in der Welt. Das Weibliche, das den Fokus nach innen richtet, das die Träume, Gefühle, die Dichtung und das Spirituelle einbezieht, grundsätzlich das Verbindende, war von uns gefragt. Das Ganzmachende und auf den Menschen Bezogene.

Dennoch ist der Stellenwert der Seele immer noch zu klein. Einerseits beobachte ich, wie unbewusst Eltern mit der Seele ihrer Kinder in ihren Entwicklungsphasen umgehen. Andererseits liegt auch die Liebe noch verborgen im Schatten der Welt, wie es uns Ingeborg Bachmann, die visionäre Dichterin, beschreibt. Nachrichten, Zeitungen, Fernsehen und Internet zeigen uns auf, wie wesentlich eine Auseinandersetzung mit dem Schatten in der Kunst des Liebens wäre, aber die Menschen wenden sich vorwiegend dem Schattenanteil im Außen zu. Die Entfaltung des Menschlichen will in den Vordergrund treten und nicht vorwiegend der verurteilende Aspekt. Das nährt die Schattenanteile, sie werden äußerlich befriedigt aber nicht gewandelt, und die persönliche Entwicklung tritt in den Hintergrund.

Woran liegt es, dass die Seele kaum beachtet wird?

Ich glaube, das Seelische, die Innenwelt, war lange in die Religion als jenseitige Dimension projiziert. Das Unbewusste als ernst zu nehmende Dimension ins Hier und Jetzt einzubeziehen, das wird uns erst langsam vertraut. Mit Freud und seiner Entdeckung des Unbewussten trat der Mensch und seine Entwicklung in einen neuen Mittelpunkt. C. G. Jung hat in seinen Forschungen das persönliche Unbewusste durch die Kunst und die religiöse Dimension erweitert. Er verstand *religio* als Rückbindung, als sorgfältiges Beachten der menschheitsumspannenden Urbilder des geborgen Seins und Reifens in eine Ganzheit. In dieses Wachsen sind unsere Schattenseiten einbezogen und wir sind auf dem Weg beschützt. David Steindl-Rast, der Benediktinermönch und Mystiker, versuchte Naturwissenschaften und Religion zu verbinden. Er betont, dass es heute darum geht, das Religiöse zu *erfahren*, über die Sinne den Sinn zu finden.

Die Erfahrung ist das Wissen der Seele, die Gewissheit schafft. Das bedeutet offen zu sein auf allen Ebenen und zu lernen. Dieser Weg hat nichts mit Egoismus oder Existenzsicherung zu tun, sondern ist ein heilender Prozess. Er fordert unsere ganze Hingabe, Disziplin, Geduld und Ausdauer, wie es Erich Fromm in der »Kunst des Liebens« beschreibt.

Meinst du, wir haben uns als Menschen früher weniger ernst genommen?

Das würde ich so nicht sagen. Wir nehmen heute unsere Entfaltung als Mensch immer ernster und verlegen sie weniger auf die Religion und ins Jenseitige. Damit sind wir aufgerufen, in unserer Persönlichkeit im Hier und Jetzt zu reifen und geraten weniger in Abhängigkeiten. Der Geist der Zeit verlangt, uns selbst zu erkennen und die uns eingeprägten Schätze in uns zu suchen und zu finden. Diesen Prozess ernst zu nehmen ist das Neue. Der Gedanke, den Nächsten zu lieben, ist uns vertraut und das haben wir ein wenig gelernt. Dass dies voraussetzt, uns selbst zu lieben, ist uns noch weitgehend fremd. Übersetzt in die Sprache der modernen Psychologie bedeutet das, immer liebender zu werden, in einem Prozess wie gesagt, in dem auch unsere Schattenseiten einbezogen und gewandelt werden.

Warst du zur Zeit deines Aufbruchs auch von der gesellschaftlichen Unruhe erfasst? Es waren ja die 1968er-Jahre.

Damals hatte ich einen Traum, der zweifellos ein Schlüsseltraum im Geiste dieser Zeit war: Ich schreite von Raum zu Raum. Jeder ist aus sich heraus lebendig; indem ich den Raum im Jetzt durchlebe, öffnet sich eine Tür in den nächsten. Am Ende dieser sich aneinander fügenden Reihe begegne ich im letzten Raum einer dunkelhaarigen Frau mit einem neugeborenen Mädchen in ihren Armen.

Ich denke, damals begann der Archetyp des Wandels die Welt unseres Inneren, insbesondere die Frau zu ergreifen; er beunruhigt und belebt uns bis zum heutigen Tag. Für mich persönlich bedeutete es damals, bereit zu werden für den Wandel, die jeweilige Lebensphase anzunehmen, sei es die suchende, die orientierungslose, die zweifelnde, die vertrauende oder die bodenlos verunsicherte, und auch dankbar zu werden für ein Sich-wieder-Finden. Das bedeutete zu versuchen, diese Lebensphasen gemeinsam mit meinen Träumen zu verstehen, sinnvoll in den Alltag einzuordnen und diese auch zu durchleiden.

Du hattest vielleicht ein Talent, diese Ereignisse so für dich zu begreifen. Glaubt eigentlich jeder von sich, dass er »anders« ist?

Denke an das Märchen von den sieben Entchen. Das eine fühlt sich anders, identifiziert sich unbewusst mit den Entchen und ist doch nie wirklich zugehörig. Erst als es erkennt, dass es anders ist – ein Schwan – und so sein darf, ist es erlöst. In der analytischen Arbeit wird es uns oft erst bewusst, ein schwarzes Entchen gewesen zu sein. Und wir lernen, uns jetzt darin anzunehmen und eine entsprechende eigene Zugehörigkeit zu suchen.

Wenn du dich als ein solches schwarzes Entchen fühltest, wie hast du dies mit deinem Muttersein verbunden?

Ich sehnte mich schon als junges Mädchen nach eigenen Kindern und einer Familie, trotzdem spürte ich gleichzeitig einen starken Drang, mein Eigenes zu entwickeln, es entwickeln zu müssen. Als sich die Sehnsucht nach Kindern und Familie erfüllt hatte, musste ich nochmals persönlich aufbrechen, und es war mir immer ein Anliegen, Familie und persönliches Reifen in Einklang zu bringen. Seit damals hat sich jedoch viel verändert, denn auch die Väter haben sich gewandelt. Es ist heute nicht mehr ungewöhnlich, dass sich Mann und Frau die Kinderbetreuung und den Haushalt teilen, aber auch dieser Gedanke dringt allgemein erst langsam durch.

Das muss schwierig gewesen sein, wurdest du zu deiner Zeit schon von deiner Familie unterstützt?

Leider nicht, es lag aber auch am Zeitgeist, der es einer Frau nicht zugestand. Gelitten habe ich vor allem an dem Unverständnis und nicht gehört zu werden. Ich wusste ja zunächst selbst nicht, wie mir geschah. Ich fuhr beispielsweise bei Nacht und Nebel und sogar halbkrank jede Woche ins Gefängnis, um Jugendliche zu betreuen, und niemand verstand mich darin. Ich tat es aus einem Mitschmerz mit den Jugendlichen und ihrer Einsamkeit. Deshalb war es so wesentlich, dass ich trotz meiner vielen Aufgaben zuverlässig da war.

Als es schließlich soweit war, die jungen Menschen zum Wochenendurlaub zu uns nach Hause zu bringen, um sie für ihre Resozialisierung vorzubereiten, verstand meine Familie plötzlich viel besser, was ich anstrebte und unterstütze mich fortan darin. Die Begegnung war vor allem für meine Kinder wesentlich. Somit war es für uns alle eine große Erfahrung. Für mich, weil ich fühlte, etwas bewirken zu können und weil mein Weltschmerz ein Stück weit heilte; für meine Familie, um sich von dem Feindbild Gefangener zu befreien; für die Betroffenen, weil sich ihre Hoffnung stärkte, nochmals neu beginnen zu können. Einer von ihnen schrieb sogar ein Buch, »Mein Weg zurück«, und wurde an Universitäten zu Lesungen eingeladen.

Zwischen Idee, Entscheidung und Tat blüht der Zweifel

Der Zweifel ist eine starke Kraft in uns schlechthin. Wir haben ihn zu verwandeln, denn er projiziert sich in die verschiedenen Bereiche des Lebens und wir zweifeln an den Bereichen oder Beziehungen selbst, anstelle den Zweifel als eine Grundkraft zu erkennen und mit ihm selbst in einen verwandelnden Prozess zu treten. Es ist grundsätzlich notwendig, die Dinge selbst *ernsthaft zu hinterfragen,* wenn wir eine Idee verwirklichen wollen. Und in die Fragen unsere Tiefe, unsere Träume sowie auch unsere Umgebung einzubeziehen.

Werden wir dadurch klarer und bestimmter, kann sich auch der Zweifel wandeln. Das Annehmen des Zweifels kann das Tor zum Hinterfragen sein, denn er quält und verletzt unser Vertrauen. Um unsere Zweifel zu wandeln, müssen wir fraglos auch mit unserem Vertrauen auf den Weg gehen.

Dein Lieblings-Ausdruck:
»Den Weg gehen.«

Das stimmt, weil wir immer so zielorientiert und nicht bewusst sind, dass wir ein Leben lang lernen dürfen, und weil uns zu wenig klar ist, dass ein Weg des Entfaltens uns eingeprägt ist und uns in einer Unruhe der Herzens ergreift und nicht wir ihn. Wir haben allerdings unser Möglichstes, bewusst beizutragen, dass er gelingen kann. Dazu gehört Mut, etwas zu riskieren, auch wenn man zunächst zweifelt oder ängstlich ist. Beides, uns zu ängstigen und zu vertrauen, gehören dem Weg in ein inneres lebendig Sein an. Der Weg nach innen entsteht, indem wir ihn gehen!

Was ist schwieriger: Wenn wir selbst eine wesentliche Lebenssituation ändern, oder wenn sie von außen auf uns zukommt?

Sicherlich ist es einfacher, wenn wir selbst die Änderung herbeiführen, als damit überraschend und unfreiwillig konfrontiert zu werden. Ein Entscheid in einer Situation kräftigt, auch wenn das Durchstehen einer größeren Veränderung immer auch in beiden Situationen emotional durchlitten werden muss. Ich erinnere mich gut, einerseits zog es mich ganz stark zu meiner neuen Laufbahn, andererseits zweifelte ich daran, mir je eine neue Existenz aufbauen zu können. Ich war Ende dreißig und es war die richtige Zeit, mich auf das mir Eigene einzulassen, wozu ich Talent verspürte und von dem ich wirklich innerlich bewegt war. Denn gerade für diesen Beruf brauchen wir auch Erfahrungen in der Welt, die ich als Juristin ja zahlreich erworben hatte. C. G. Jung forderte sogar, zuerst in der Welt Fuß zu fassen, und sich erst danach der inneren Welt zuzuwenden.

Ist eine selbstständige Frau heute in unserer Gesellschaft wirklich anerkannter?

Jedenfalls wird die Frau in ihrer eigenen geistigen Entfaltung, über das Muttersein hinaus, heute ernster genommen und ist akzeptiert. Die Emanzipationsbewegung hat große Anteile an dieser Entwicklung, wenn sie auch zunächst in eine Angleichung an das Männliche ging und die Frau erst langsam zu ihrer eigenen Gangart findet. Indem sie sich selbst als weibliches Individuum annimmt, wird sie auch vom Mann geachtet werden.

Vor 50 Jahren herrschten andere Wertvorstellungen, es hat sich viel getan. Jedoch dürfen wir nicht glauben, das Selbstvertrauen der Menschen, im Besonderen das der Frau, sei ausreichend entwickelt. Es darf uns noch wesentlich mehr zuwachsen.

Eine Aufgabe der Frau, die für sie Sinn stiftet, ist die Geburt eines Kindes und seine Betreuung. Sogar das Selbst zieht in dieser Phase seine Ansprüche natürlich zurück und ihr ganzes Sein wendet sich wie selbstverständlich diesem neuen Leben zu. Allerdings muss uns als Frau bewusst sein, dass diese Phase begrenzt sein will, damit unser Eigenes, die geistige Entfaltung in uns, wieder ihren Raum finden kann. Dieser neue Übergang braucht allerdings ein bewusstes Wahrnehmen des stimmigen Zeitpunktes. Wir brauchen dann zunächst Disziplin, einen Eintrag im Kalender, dass wir den Impuls des Unbewussten umsetzen können in den Alltag. Das ist wesentlich für uns selbst, aber auch für das spätere Loslassen unserer Kinder. So wachsen wir wieder mehr und mehr in unser Eigenes hinein, in ein neues Selbstvertrauen, das uns die klare Aufgabe des Mutterseins geschenkt hat. Entschiedenheit und achtsames Üben helfen, uns wieder mehr unserem Frau Sein zuzuwenden.

Wann sind denn Sigrun und Peter auf die Welt gekommen,
warst du da schon im Beruf?

Ja und wie! Die beiden sind kurz nacheinander geboren, mit nur eineinhalb Jahren Unterschied. Mein Mann beendete damals gerade sein Studium, und ich arbeitete bereits als Juristin in einer Bank. Es war keine einfache Zeit. Ohne unsere Großmütter wäre sie nicht zu bewältigen gewesen. Auch dank unserer hilfreichen Tante Mitzi konnte ich bis zur Übersiedlung in die Schweiz in Österreich arbeiten und später auch dort meinen Beruf weiter ausüben. Damals lebten wir in Schaffhausen und ich pausierte zunächst, bis mein Sohn vier Jahre alt war. Mit großer Liebe und Freude widmete ich mich der Aufgabe als Mutter. Es war mir bewusst, dass diese Lebensphase, für die Familie ganz da zu sein, nur eine beschränkte Zeit dauern würde und ich hatte das Gefühl, mein ganzes Sein als Frau körperlich und seelisch hatte sich auf die Entfaltung der Kinder umgestellt.

Als Peter aus der Kleinkinderzeit herausgewachsen war spürte ich, dass auch das Geistige in meinem Leben wieder seinen Platz einforderte. Zunächst begann ich damals ein paar Stunden in der Woche das Schweizer Recht zu studieren. Es baute ja wie das österreichische auf dem römischen Recht auf und die Unterschiede waren nicht so gravierend. Aber es forderte diszipliniertes Üben. Nebenbei schrieb ich noch für eine Zeitung.

Wenn unsere gute Tante Mitzi auf Besuch war, konnte ich bald auch mit klösterlichen Einkehrtagen beginnen, die ich bis heute einhalte. Ich versuchte, mein Leben im Alltag dem anzugleichen, was ich im klösterlichen Rahmen leben konnte, ein Verbundensein mit dem Spirituellen. Es in die Welt einzufügen, bedarf rituelles Üben und dankbares Erinnern, um immer wieder das Innere zum Herzen hin zu ordnen.

Die Ordnung der inneren Zeit

Was meinst du mit Ordnung der inneren Zeit?

Das ist eine sehr schöne Frage. Als ich vorübergehend von äußerer Arbeit befreit war, stellte es sich als schwierig heraus, meine sogenannte freie Zeit als Hausfrau sinnvoll zu strukturieren. Meine Zeit war ja in meinem bisherigen Leben immer von außen geordnet gewesen. In der Schule, im Studium und im Beruf.

Als Mutter in der Familie war ich plötzlich herausgefordert, neu mit der Zeit umzugehen. Einerseits ordnete sie sich durch die Bedürfnisse der Kinder, andererseits hatte ich das Gefühl, als würde mir die Zeit dazwischen wie unter den Fingern zerrinnen. Die Zeit, die nicht mehr von außen eingeteilt war, musste ich nun achtsam mit einer Struktur versehen, die von innen kam.

Damals bereitete ich meine Prüfung über den Buddhismus vor und lernte Nicht-Tun zu schätzen. Nicht-Tun ist nicht nichts tun, wie wir es im Buddhismus vorfinden. Nicht-Tun ist eine aktive Form des Seins, die uns Tore in unser inneres Lebendigsein öffnet. Es ist ein bewusstes Dasein, das wir uns selbst schenken. Schlechtes Gewissen, Schuldgefühle, minderwertige Gedanken lassen wir durchfließen und innere Ereignisse, die sonst vom Alltag überschattet sind, werden hier lebendig, neue Impulse entdeckt und bewusst. Aus ihnen ordnet sich die innere Zeit.

Wozu und Warum

Manchmal drehen sich meine Gedanken im Kreis. Ich merke, dass ich immer dasselbe denke, jedoch keinen Schritt weiter komme und ich werde ganz unruhig.

Wir haben schon einmal darüber gesprochen, dass es ein Leiden im Kreis gibt, das uns unzufrieden macht, und ein Leiden nach vorwärts. Wenn du dich jedoch fragen kannst, wozu du das immer wieder denkst, ob dich das eher unfreier werden lässt und trauriger macht, werden sich deine Gedanken ändern und der erste Schritt ist getan.

Und wie kommen wir dann aus so einem Grübeln heraus?

Vielleicht führt die Frage »*wozu*«, die wir uns nach C. G. Jung stellen, eher aus dem Grübeln heraus, als die Frage »*warum*«. Was will sich in uns entfalten und was will bewusst werden in einer bestimmten, vielleicht auch schwierigen Situation – sich dies zu fragen ist viel befreiender, als die Frage nach dem Warum, die sich vorwiegend Freud stellte. Das Warum ermöglicht zu erkennen, warum wir heute reagieren und führt uns in die Kindheit zurück. Das Wozu ist zukunftsorientiert.

Wozu leben wir eigentlich?

Eben gerade, um dieses Wunder, das in uns da ist, uns unbewusst ist, zu erkennen, und uns als Mensch zu schöpfen und so an der Schöpfung der Welt mitzuwirken. Auf dem Weg der Träume können wir dieses Wunder stufenweise entdecken und erfahren. Wir dürfen davon ausgehen, dass die Welt des Individuums und der Schöpfung vernetzt ist und dass unser Prozess auch für andere wirksam wird. Unsere Talente zu formen und in den Dienste eines allgemeinen Wohls zu stellen ist in diesem Sinne unsere Aufgabe.

Jeder Einzelne und die ganze Welt sind angelegt, die Schöpfung mit zu vollenden. Das heißt, wie gesagt, die Wunder des Lebens zu entdecken und diese mit den Wunden und Schatten in einem heilenden Prozess zu verbinden. Geglücktes Leben bedeutet für mich lebenslanges Fragen, Erkennen und Wandeln. Gelungenes Leben nährt sich durch die Verbindung vom Zeitlichen mit Zeitlosem.

In letzter Zeit habe ich mich mit dem Thema Tod etwas auseinandergesetzt, was denkst du, gibt es ein Leben nach dem Tod?

Beziehen wir uns auf die Träume, muss ich davon ausgehen, dass es eine Beziehung zwischen Verstorbenen und den Lebenden gibt und dass die Seele also weiterlebt. Ich gehe sogar einen Schritt weiter, dass wir nicht nur von unseren biologischen Vorfahren beeinflusst sind, sondern auch geistige Ahnen haben, die unser Leben mitbestimmen und unsere Talente mit kreieren.

Ich denke, solange man an einen verstorbenen Menschen denkt, existiert er auch für einen. Aber eben dann nur mehr für einen selber, oder?

Meine Erfahrungen in den Träumen mit Verstorbenen gehen darüber hinaus. Warum mein Leben gerade so stark vom Geist C. G. Jungs und von jenem Ingeborg Bachmanns bestimmt ist, die durch das Unbewusste mein Leben prägen, kann ich nicht so einfach erklären. Ich habe an beide vor meinen Traumerlebnissen kaum gedacht. Diese persönlichen Erlebnisse und viele aus meiner Arbeit haben mir gezeigt, dass eine geistige Verbindung zwischen den beiden

Welten bestehen muss. Verstorbene erscheinen nicht nur als gesunde, junge und glückliche Menschen, sondern sie teilen mit, dass es ihnen gut geht und versprechen Schutz. Sie klären geistige Fragen, die im bewussten Leben allein nicht lösbar sind. Ein Traum mit C. G. Jung bestärkte mich auch in der Frage, ob ich ein Studium der Psychologie beginnen soll. Die Dichterin Ingeborg Bachmann erschien mir in einem besonderen Glanz, einem Lebendigsein, das nur aus einer anderen seelischen Wirklichkeit durchstrahlt sein konnte. Der Traum mit Bachmann inspirierte mich, meine Erfahrungen zu schreiben, und tut es bis heute.

Mein Unbedingtes und die Familie

Wer, beziehungsweise was hat dich dann neben deiner Familie unterstützt?

Unterstützung fand ich damals in der Natur, am Fluss, in den Wäldern und in körperlicher Bewegung. Sowie in Büchern, sie beheimateten meine Gedanken und ich fand Erfahrungen im Leben anderer wieder, vor allem bedeutender Frauen, die auch ihren Weg gehen mussten. Zu ihnen gehörten Meret Oppenheim mit ihrem Buch »Spuren durchstandener Freiheit«, Anaïs Nin in »Sanftmut des Zorns – Was es heißt, Frau zu sein« oder Anne Morrow Lindberg in ihrem kleinen Band »Muscheln in meiner Hand«, Clara Schumann und Marie Curie.

Bis heute beheimatet mich das Buch »Erinnerungen, Träume, Gedanken« von C. G. Jung. Ich fühle mich in meinen Erfahrungen weniger alleine und bestärkt. Wir dürfen allerdings nicht glauben, dass, wenn wir ein Buch lesen und etwas erkennen, dann alles getan sei. Wir haben die Dinge selbst zu durchleben. Zwar wurde ich in der Erkenntnis unterstützt, aber ich zweifelte sie auch gleichzeitig wieder an und hatte den Weg zwischen Zweifel und Vertrauen in die eigene Erfahrung zu gehen.

Am hilfreichsten waren darin die Träume und die Arbeit mit meinem Lehrer. Beispielsweise beruhigte er mich, dass ich das Beste für meine Kinder täte, wenn ich über mich bewusst werde. Die Qualität der Zeit, die ich mit ihnen verbringe sei es, nicht die Quantität. Trotzdem schmerzte es mich, musste ich meine Kinder für Arbeit oder Studium zurücklassen. In dieser Zeit habe ich gelernt, den Schmerz meiner Entwicklung als Frau auch zu durchleiden und trotzdem meinem Weg zu folgen. Ich erkannte auch, dass sich aus allem Erarbeiteten trotz eines Rückschrittes ein Stück Substanz gebildet hatte, auf dem weitere Erfahrungen aufbauen konnten. Diese Substanz wird immer spürbarer und wir fühlen uns gefestigt, gleich dem Weg des Labyrinthes.

Wie wirkt sich dieser Weg auf Beziehungen aus?

Der Weg mit dem Unbewussten kann einen Partner irritieren. Trotzdem hat der Einzelne ihn zu gehen, muss zu ihm stehen und diesen auch durchleiden. Es gibt so viele Beispiele, in denen der Partner das Selbstständigwerden des anderen kaum erträgt. Die große Dichterin Hilde Domin hat bis zu ihrem 50. Lebensjahr ganz für ihren Mann und seine Werke gelebt. Als sie dann mit bereits über 50 Jahren ihr erstes eigenes Gedicht verfasste und damit strahlend zu ihm kam und es ihm vorlas, wurde er leichenblass und verließ kommentarlos das Zimmer. Bisher war er der große Dichter gewesen.

Die Krise zwingt uns nach innen

Was ist, wenn wir uns nicht selbst ändern, sondern von Krisen wie Tod, Trennung oder einem Jobverlust konfrontiert und »verändert« werden?

Ich erfahre, dass wir oft erst in Krisensituationen bereit sind, uns tiefer zu hinterfragen, aus ihnen zu lernen, zu erkennen, mitzufühlen und schließlich zu verzeihen. Eine Krise zwingt uns nach Innen, wo wir aber auch einem großen Reichtum begegnen werden. Es öffnen sich Ebenen, die uns bisher nicht zugänglich waren, der Tod beispielsweise öffnet uns in die Liebe.

So etwas bemerke ich zum Beispiel nach großen Katastrophen. Plötzlich kommen mir die Menschen rücksichtsvoller und stiller vor.

Das habe ich auch wahrgenommen, dass die Menschen, wenn sich Katastrophen ereignen, achtsamer werden. Ähnlich ist es auch in der Verliebtheit, dem ersten großen Traum des Menschen über das Wesen der Liebe. Dieser ist geschenkt: Wir sind glücklich, schweben heiter und voller Freude, alles ist leicht und hat einen Sinn, selbst die Dinge des Alltags, die uns sonst schwer fallen. Wir fühlen ein tiefes Ja zum Leben in uns, mit allen Licht- und Schattenseiten. Es ist ein Tor zu uns selbst geöffnet. Schon Erich Fromm schreibt, wie bereits besprochen, in der »Kunst des Liebens«, dass die Liebe eine Aktivität ist, die als Mensch unsere ganze Hingabe, Disziplin und Ausdauer fordert.

Die Öffnung des Tores zum Selbst allein genügt jedoch nicht, sondern es muss ein liebevoller Prozess des Zuwendens zum Wesen der Liebe beginnen.

*Alles läuft darauf hinaus, dass man bewusster
leben soll.*

Die Gedanken C. G. Jungs lehrten mich, dass »bewusst
werden« für uns alle die entscheidende Fragestellung und
ein tiefer Sinn des Lebens ist, nach dem wir uns sehnen.
*»Das Unbewusste will Ereignis werden und die Persönlichkeit
will sich aus den unbewussten Bedingungen befreien.«* In diesem
lebenslangen Schöpfungsprozess versöhnen sich die Gegensätze von Angst und Vertrauen in eine ängstliche Hoffnung, dass der Sinn siegen wird.

*Gibt es aber nicht auch Krisensituationen, an denen man eher
zerbricht als weiter kommt? Zum Beispiel an traumatischen
Erlebnissen aus dem Krieg ...*

Mir fehlen zu deiner Frage die Worte, ich erschrecke und
werde sprachlos, wenn ich an die Kriege und ihre Grau-
samkeiten denke. Ich bewundere jeden, der diese traumatischen Erlebnisse lebend überstanden hat. Ich denke wirklich verarbeiten und für die Menschheit fruchtbar machen
können es nur ganz wenige, wie Viktor Frankl oder Hilde
Domin. Selbst den großen Schriftstellern, wie Stefan Zweig
und Paul Celan ist es nicht gelungen.
     Der Mitschmerz alleine genügt natürlich nicht. Ich ver-
suche mit meiner Arbeit dazu beizutragen, dass sich unsere Schatten wandeln und solche grausamen Kriege sich
weniger oder nicht mehr ereignen. Mir ist als Analytikerin
der Schattenanteil des Menschen sehr bewusst und es wäre
so wichtig, dass jeder einzelne daran arbeiten würde. Es
wäre der größte Beitrag zu einem Weltfrieden. Diese großen Menschen wie Viktor Frankl, Nelson Mandela oder
Hilde Domin, die einen Auftrag darin gesehen haben, die
Menschheit zu einer größeren Bewusstheit ihres Schattens

aufzurufen, sind uns darin große Vorbilder, sie sind mit ihrem Leben für das Gute im Menschen eingetreten. Wir können nur hoffen und mit unserer eigenen Selbsterkenntnis dazu beitragen, dass menschheitsgeschichtlich eine Bewusstwerdung und Wandlung geschieht.

Das Weibliche und das Männliche

Wie siehst du den Unterschied von Mann und Frau?

Der Unterschied zwischen Frau und Mann gehört zu den brennenden Fragen unserer Zeit. Viele Beziehungen scheitern aus einem gegenseitigen Nicht-Verstehen und die Kinder tragen daraus lebenslange Wunden mit sich. Die Frage ist nicht nur diejenige der Gleichwertigkeit, sondern die der Gleichartigkeit. Oft werden diese beiden Begriffe miteinander vermischt. Die Frau ist selbstverständlich gleichwertig, aber nicht gleichartig.

Durch C. G. Jung ist uns auch bewusst geworden, dass jede Frau das Männliche und jeder Mann das Weibliche in sich trägt. Unter dem Weiblichen versteht die analytische Psychologie das Verbindende und den Eros, das Männliche ist mit dem Trennenden und dem Logos verbunden. Entfalten wir die gegengeschlechtliche Seite in uns nicht, so projiziert sie sich auf den Partner. Der Partner kann jedoch weder unser Eigenes erfüllen, noch ist das Eigene ident mit dem Gegenüber. Daraus ereignen sich unzählige Missverständnisse.

Dem Mann, der bewusst von der Sachlichkeit und dem Logos bestimmt ist, fällt es schwer, den Zugang zu seinem Unbewussten zu finden, während die Frau mit ihrer weiblichen, körperlichen und zyklischen Natur einerseits viel mehr den Schwankungen im Inneren ausgesetzt ist, andererseits in ihrer Fähigkeit zu gebären viel ganzheitlicher bezogen auf sich selbst und andere reagiert.

Das Männliche in der Frau zu entwickeln würde für sie auch bedeuten, Sachliches von Persönlichem trennen und nicht mehr ganzheitlich auf eine sachliche Aussage zu reagieren. Gleichsam auch ihre Aufgabe als Mensch über das Muttersein hinaus ernst zu nehmen. Für den Mann ist das zu Entfaltende auf das Menschliche bezogen zu werden und das Verbindende zu entwickeln.

Haben Männer mehr Mut?

Männer haben in der Menschheitsgeschichte den Mut mehr trainiert. Folglich können sie besser nach außen zu dem stehen, was sie tun und leichter Entscheidungen treffen. Die Frau ist in der Innenwelt, im seelischen, die mutigere und stärkere – war sie doch kulturgeschichtlich vorwiegend die Hüterin des Hauses und der Familie. Allerdings hat sich das in der Gegenwart verändert – die Frau wird generell mutiger und kraftvoller auch im Außen, und der Mann wendet sich langsam nach innen.

Wie definierst du das Weibliche und das Männliche nochmals?

Eine Definition, die mir gut gefällt ist, das Weibliche als das Verbindende, den Eros, zu verstehen; und das Männliche als den trennenden Logos. Es braucht für jeden von uns beides. Für die Frau besonders das Trennende, den Logos zu entfalten, um zum Eigenen zu kommen und sich von dem familiären und gesellschaftlichen Bewusstsein zu unterscheiden. Ihre Themen sind im besonderen Mut und Selbstvertrauen aus sich zu entfalten, um zu ihrem Talent und ihrer Aufgabe in der Welt über das Muttersein hinaus stehen zu können. Dieses Eigene ist bei ihr zumeist mit ihrer spirituellen und seelischen Anlage verbunden. In diesem Verbundensein kann sie das Sachliche vom Persönlichen trennen und zu ihrer Aufgabe finden. Denn wenn die Frau sachlich kritisiert wird, reagiert sie zunächst als ganzer Mensch.

Der Mann ist sachlich und auf seine Aufgabe bezogen. Seine Aufgabe ist der Eros, schreibt Jung, das Bezogenwerden auf das Persönliche und Menschliche, auf das Seelische, die Träume, Gefühle und das Religiöse.

Sind Männer nicht zu schnell gekränkt und wehren Frauen mit Aggressionen ab?

In den Gefühlen ist der Mann sicher ebenso verletzlich wie die Frau. Vielleicht sind Männer schneller gekränkt und werden aggressiv, da sie ihre Gefühlswelt zumeist verdrängen und deshalb darin weniger widerstandsfähig sind. Bewusste Aggression gehört zu ihrer Natur. Ich erfahre in meiner Arbeit allerdings, dass der Mann trotzdem auch in Auseinandersetzungen, die die Beziehung betreffen, leichter auf der sachlichen Ebene bleiben kann. Vermutlich weil er grundsätzlich ein stärkeres Interesse an sachlichen Dingen in sich trägt und im Leben übt. In ihm soll sich ja die Bezogenheit zum Menschlichen entfalten und ein Verständnis für Emotionen und Gefühle der Frau entwickeln. Sie muss oftmals ihre Gefühle deshalb aggressiv abwehren, da die Verletzungen sie zumeist als ganzer Mensch und somit ihr Selbstvertrauen zutiefst treffen.

Ein gemeinsames Drittes, sei es ein Kind, ein Werk, eine soziale Aufgabe, lässt vieles aus der Beziehung in sinnvoll Übergeordnetes gestalten und aus persönlichen Verstrickungen herausheben.

Kommt der Unterschied zwischen Mann und Frau mehr aus der Genetik, der Evolution oder aus der Erziehung?

Sicherlich wirken alle Komponenten zusammen. Die für mich überzeugendste für die Unterschiedlichkeit von Mann und Frau verantwortliche ist die körperliche Anlage. Alle anderen sind widerlegbar. Der verschiedene körperliche Rhythmus der Frau und des Mannes wirken auf Geist und Seele, Evolution und Erziehung.

Die Frau, eingebunden in den Mondzyklus, taucht jeden Monat auch tief in ihre Schattenseiten ein, um auf eine Art wieder neugeboren zu werden. Die Frau ist außerdem fähig, zu gebären und war lange auf diese Rolle reduziert. Ihre Erfahrung, neun Monate das Wachsen eines Kindes auszutragen ist sicher einzigartig prägend. Sie wächst darin auch ganzheitlich in ihr Menschsein hinein. Ihre körperliche, seelische und geistige Aufgabe ist vereint und ihr Leben von Sinn erfüllt. Mit der Geburt des Kindes, das sie oftmals als die glücklichste Erfahrung ihres Lebens erlebt, ist sie wieder neu auf ihre geistige Entwicklung zurückgeworfen. Der Mann erlebt dieses ganze Geschehen wesentlich distanzierter, ist von Anbeginn mehr auf seine sachliche Aufgabe konzentriert und bleibt auch weitgehend für sie frei. Seine Entwicklung liegt in der Bezogenheit auf das persönlich Menschliche, Gefühle zu leben und zu ordnen, Fantasie zu entwickeln und das Poetische und Religiöse in sich zuzulassen.

Sinnvoll ist in der Brücke zwischen dem Männlichen und Weiblichen, uns selbst zu hinterfragen und den Anderen fragend miteinzubeziehen und zu horchen. So könnte für beide *die ausgewanderte Liebe ihren Sieg niederlegen.*

Die Auflösung des Trennenden und die Rückkehr zu sich selbst

Nähe und Distanz bilden den Grundrhythmus einer lebendigen Beziehung. Der Rhythmus ist so wesentlich, da uns die Projektionen geschehen, wir uns selbst in ihnen und leicht an den anderen verlieren. Im kreativen Rückzug, sei es lesend, schreibend oder Musik hörend, finden wir wieder in die eigene Mitte. Diese Rückbesinnung auf uns selbst ist besonders bedeutsam in der körperlichen Vereinigung. In ihr wird uns das All-Eins einen selbstvergessenen Augenblick lang geschenkt. Wir finden in ihm einerseits zu uns selbst, andererseits sind wir zutiefst verbunden und im Getrenntwerden höchst verwundbar. Gegenseitige bewusste Achtsamkeit vollendet den Grundrhythmus von Hingabe und Selbstfindung.

Ich denke Mann und Frau erleben die Sexualität unterschiedlich ...

Ich habe in meiner Arbeit erfahren, dass vor allem der Zugang zur Sexualität ein anderer ist. Die Frau schätzt ein zärtliches Zugehen, sei es ein romantisches Abendessen, liebevolle Gesten und ein zärtliches Vorspiel, während der Mann vom Trieb her bestimmt ist und oft erst durch die gelebte Sexualität empfindsam wird. Die liebevolle Vereinigung der Gegensätze ist das sinnvolle Ziel.

Ich und Du und das Selbst

Wie wächst Liebe?

Liebe wächst in uns, wenn wir bereit sind uns ihr zu öffnen, uns auf die Erfahrung einzulassen, dass sie einerseits in uns als eine große Kraft angelegt ist und dass andererseits liebend zu werden eine Kunst ist. In ihr gelten, wie gesagt, alle Gesetze wie für ein Kunstwerk – Hingabe, Disziplin, Geduld und Ausdauer. Liebe ist eine Aktivität, ein Tun und je mehr wir sie leben, umso mehr wächst sie uns zu. Es ist ganz ähnlich wie mit dem Vertrauen, in einer liebenden Vorgabe antwortet sie uns und wächst.

Für diesen liebenden Blick auf den Nächsten, als uns selbst, haben wir uns immer wieder auch zu entscheiden, denn die Schattenseiten schießen automatisch ein. In diesem Wachstumsprozess des Liebens sind unsere Ängste und Zweifel als zur menschlichen Natur gehörig einbezogen. Wir bringen sie entweder mit dem Vertrauen in Verbindung oder arbeiten mit ihnen. In diesem Annehmen unserer Schattenseiten werden wir liebender mit uns selbst; unser Selbstvertrauen wächst und wir werden toleranter den Schwächen anderer gegenüber. Die Ängste, wie uns die Märchen und Träume zeigen, wollen sich in Vertrauen wandeln und der schöpferische Prozess zwischen diesen beiden Wirklichkeiten ist in uns vorgezeichnet.

Im christlichen Kulturkreis wird er kollektiv als WEG gefeiert. Dieser Weg beginnt mit einer spirituellen, neuen Geburt, symbolisiert in einem göttlichen Kind. Sein Wachsen ist bestimmt aus der Stimme des Herzens. Auch das folgende *Stirb und Werde* will von dem liebenden Blick begleitet sein in einen jeweils neuen Anfang. In all diesen Stufen des Reifens wächst im Versöhnen der Gegensätze von Angst und Vertrauen die Liebe in uns.

Individuell bildet sich dieser Neuschöpfungsprozess in unseren Träumen ab, die uns in den einzelnen Schritten orientierend und sinnbezogen geleiten. Erkennend und unsere Natur durchleidend wachsen wir in die Weite und Tiefe unseres Menschseins, das bis zum letzten Atemzug andauern darf. In diesem neuen Wachsen werden wir liebender und vertrauensvoller. Scheitern, kleine Tode und neue Anfänge sind dem Weg ebenso immanent wie glückselige Erfahrungen. Aktives Tun und Geschehen lassen bereiten die Gnade der Wandlung vor. Ihre Zeit liegt nicht in unserer Hand. Unser Arbeiten mit den Schattenseiten wird kollektiv vorwiegend in den Märchen erzählt, individuell in den Träumen. Die Schatten anzunehmen wird grundsätzlich verlangt, sei es, dass wir sie liebend, humorvoll, listig oder in spielerischem Umgang zu besiegen haben, oder manches Mal für das Gute in uns auch zu kämpfen, die Schattenseite mitzunehmen und ihr keine Nahrung zu geben haben. Zeitweise sogar eine Tarnkappe aufzusetzen, ist ebenso von uns gefragt.

Liebe wächst im Teilen, werden wir uns unserer Talente und begabten Seiten *dankbar* bewusst, und teilen sie zum Wohl der Allgemeinheit, wächst uns die Liebe zu. Werden uns diese schöpferischen Prozesse bewusst, erfahren wir sie als eine tragende Geborgenheit, die uns in der Welt spirituell beheimatet. Diese Erfahrungen lassen uns in stiller Heiterkeit verständnis- und liebevoller werden.

In der Beziehung zwischen Mann und Frau wächst die Liebe, wenn wir verstehend zuhören und hinterfragen, anstelle zu kritisieren, die Andersartigkeit des Partners erkennen und achten, anstelle die eigenen Bilder und Vorstellungen verwirklichen zu wollen. Nur wenn jeder auch für sich selbst den Weg geht, kann er gemeinsam glückhaft erlebt werden. Wesentlich ist, dass wir immer wieder neu aufbrechen. Auch hier ist zu erinnern, wie wesentlich in diesem gemeinsamen Wachsen die Beziehung zu Natur,

Kunst, Körper, zu Kindern oder Freunden ist, um krisenhafte Zeiten durchzustehen.

Hängt Liebe immer auch mit einem Menschen zusammen?

Nicht unbedingt. Die Liebe ist eine große Kraft in uns, ein inneres DU, wie es Martin Buber so sympathisch nennt. Sie ist aus sich selbst heraus lebendig. Die menschliche Beziehung ist eine wesentliche Möglichkeit Liebe zu erfahren, jedoch erst aus unserer Verbindung mit dem DU können wir wirklich einen Menschen lieben. Bedeutend ist, uns bewusst zu werden, aus welcher Quelle dieses Fühlen fließt und gleichzeitig auch uns selbst sowie den Nächsten zu lieben. Als Kind erfahren wir dieses große DU im Geborgensein der Eltern, im Erwachsenwerden geht es darum, dieses Geborgensein in uns selbst zu suchen und daraus zu schöpfen. Wir werden erst selbstständig, indem wir uns mit dem DU verbinden, das ermöglicht uns, mit einem anderen Menschen *eigenständig* in Beziehung zu treten.

Was ist dann in diesem Sinne das Ich?

Das Ich tritt mit dem DU in Beziehung. Seine wesentliche Aufgabe ist, sich des DU bewusst zu werden. »*Der Mensch wird erst am DU zum Ich*« ist ein berühmter Leitsatz von David Steindl-Rast.

Erst durch die Erkenntnis, dass wir selbst Geliebte sind, werden wir liebesfähig. Das SELBST von Jung ist kongruent mit dem DU. Wird das Ich bewusst, kann das Selbst eigentlich erst wirksam werden. Das Ich hat also eine sehr wichtige Aufgabe. Werde ich mir einer Traumerfahrung bewusst, kann ich sie ja erst wirklich ergänzend in den Alltag aufnehmen. Sie verlegt sich sodann nicht mehr nach außen, sondern stärkt von innen. Ein schweres Erwachen kann sich beispielsweise durch das Beachten eines Traumes spürbar erleichtern.

Kann man auch zu seinem eigenen Selbst finden, wenn man ganz alleine lebt?

Die Wüstenväter haben es versucht, indem sie sich in die Einsamkeit zurückzogen. In ihr begegneten sie dem großen DU in sich, wie den Dämonen. Es ist fraglich, ob sie ohne den Widerstand in der Beziehung zu den Mitbrüdern sie selbst werden konnten. Ich denke, es ist ihnen heute bewusst, dass sie für ihre geistliche Entfaltung die Gemeinschaft und das Alleinsein brauchen. Diese Form entspricht auch den modernen Beziehungen von heute, in denen Nähe und Distanz so wesentlich geworden sind. In der inneren Arbeit gehen wir sozusagen einen mönchischen Weg in der Welt. Uns fehlt jedoch diese klare Zugehörigkeit der klösterlichen Geisteshaltung. Unser Weg in der Welt ist eingespannt zwischen der weltlichen Leistungsebene und der spirituellen Liebesebene, und es ist kein einfacher Weg. Er fordert von uns eine eigene, bewusste Struktur, Rituale und Disziplin.

C. G. Jung setzte das »*zu sich selbst Finden*« dem inneren Wachsen eines Baumes gleich, der zu seinen eigenen Wurzeln stets in Verbindung steht. Auch ein Baum steht in Bezug zum Leben des Waldes und braucht ihn, um in den Stürmen zu überstehen. Heute Morgen hörte ich gerade in einem philosophischen Dialog, dass wir die anderen Menschen für unsere Entfaltung brauchen. Oft nur wird ein Leben alleine mit einem Leben ohne Beziehungen verwechselt. Durch das Verbundensein mit der inneren Welt, werden wir selbstständig und auch fähig, alleine zu leben. Was nicht bedeutet, keine Beziehungen zu pflegen. In ihrem Buch »Der Mythos vom Sinn« hat Aniela Jaffé dieses Thema wunderbar ausgestaltet. Nämlich, dass wir uns in unserem Selbstverständnis, unserem Selbstwert und unserer Würde nur auf unsere eigene Tiefe beziehen können und weniger in Relation zu einem anderen Menschen. Mit anderen Worten: Um sich wirklich auf einen Anderen beziehen zu können, müssen wir uns im Eigenen immer wieder gut verwurzeln. Das bedeutet auch alleine leben zu können, aber nicht beziehungslos.

Aber oft gehen wir Beziehungen ja schon im »unselbstständigen, unreifen« Alter ein.

Ja, das führt heute auch zu vielem Unverständnis und zu frühen Trennungen. Rilke schreibt dazu in seinem Buch »Briefe an einen jungen Dichter«: *»Wir sollten erst den eigenen Scherbenhaufen aufräumen, ehe wir uns zu einem neuen zusammentun.«* Die Selbsterkenntnis ist heute für die Beziehungsebene besonders wesentlich, da Bewusstwerdung auch mit der Entdeckung der Psychologie vom Geist der Zeit gefordert wird und der eigene unbeachtete Entfaltungsprozess sich auf die Beziehungsebene projiziert. Über sich selbst bewusst zu werden ist auch deshalb so bedeutsam, da wir die Elternbeziehungen in die Partnerschaft hinein tragen und diese uns unbewusst mitbestimmen. In der erregten Stimme des Partners hören wir beispielsweise die autoritären Befehle des Vaters wieder. Ein gegenwärtiges Verletztwerden rührt an unsere Kinderwunde. Betrachten Eltern andererseits Kinder als den einzigen Sinn des Lebens und stellen sich ihrer eigenen Entwicklungsaufgabe nicht, überträgt sich viel Ungelebtes. Die unbewusst gebliebene Sinnesebene schafft dadurch lebenslange gegenseitige Abhängigkeiten zwischen den Generationen.

Anfangs braucht ein Kind ja wirklich seine Eltern ...

Selbstverständlich, sonst kann es sich kaum natürlich entwickeln, aber brauchen ist nicht gleich »gebrauchen oder missbrauchen«. Im Laufe des Heranwachsens entwickelt ein Kind auch eine Eigenständigkeit und es ist an den Eltern, diese achtsam zu fördern. Das wird umso besser gelingen, arbeiten die Eltern auch selbst an ihrer Lebensfrage. Gerade der Eigenständigkeit wegen konnte ich meinen Beruf ruhen lassen und als Mutter eine Gebende werden. Diese wundersame Wandlung erfuhr ich körperlich und geistig. Wesentlich war sodann zu erkennen, wann mein Eigenes wieder mehr Raum einforderte. Es hat sich spätestens wieder vehement bemerkbar gemacht, als der Jüngste in den Kindergarten ging. Trotzdem verlangte es von mir viel Überwindung und Disziplin, den eigenen Impuls in den Alltag wieder umzusetzen.

Die Liebe ist eine Heimat in uns

Was bedeutet für dich eigenständig?

Eigenständig werden wir durch eine Verwurzelung im Eigenen, das heißt, nach C. G. Jung in der Beziehung zwischen dem Ich und dem Unbewussten. Anders formuliert, im Erkennen und Stehen auf unserem tiefsten Urgrund, der Liebe. Dieser spiegelt sich kollektiv in großer Kunst, Dichtung, Musik, Malerei, Philosophie, Religion und prozesshaft in den Märchen; individuell in den Träumen und Imaginationen und wird erfahrbar in ihrer kreativen Gestaltung, wie wir schon an anderer Stelle besprochen haben.

Persönlich begegnete ich der Möglichkeit, eigenständig zu werden, durch den Gedanken C. G. Jungs, der mich darauf hinwies, dass wir ein Zentrum in uns tragen, das unsere eigene Entfaltung anordnen will und uns zunächst dazu TREIBT, jenen bedeutenden, unbewussten Anteil der Psyche zu suchen. Dieser will bewusst werden und lässt uns erst eigenständig werden. Wird er stufenweise bewusst, gestaltet er sich zum WEG, der unsere ganze Hingabe, Geduld und Ausdauer fordert. Diesen Weg gehen wir mit den Licht- und den Schattenseiten. Er ist ein Weg in die Liebe, die uns Heimat und Urgrund ist. Wir haben sie immer wieder mutig zu wagen. In ihr sind wir anstelle uns und andere Verurteilende Hinterfragende, um die Dinge Kreisende und darin Liebende. Scheitern wir auf dem Weg, werden wir uns nicht nur schuldig, ängstlich und versagend fühlen, sondern ebenso Hinterfragende, Erkennende, Lernende und Verzeihende sein. Unsere Sicht auf die Dinge wird sich immer mehr in dieses Versöhnende wandeln und sich somit von einem quälenden in einen liebenden Umgang erlösen.

Das verlangt von uns, dass wir nicht nur geduldig und ausdauernd, sondern vor allem dankbar werden. Dankbar gegenüber dem für uns so Selbstverständlichen, das da ist. Diese verstehende Haltung ist bereit, eigene Schwächen und die eines anderen einzubeziehen. Sie vernichtet nicht, wenn ein Fehler auftritt, sondern inspiriert und fördert den einen Menschen verändernden Prozess. Diese Solidarität ist ebenso der Liebe zugehörig wie dem Vertrauen und lässt uns eigen auf diesem Heimatboden stehen. Wunderbar anders ausgedrückt in dem biblischen Gedanken:

»Tu einem anderen nicht, was du dir selber nicht tun würdest, und tu dir selbst nicht, was du einem anderen nicht tun würdest.«

Kann ich eigentlich selbst wählen, wen oder was ich liebe?

Sowohl als auch. Verliebtsein geschieht uns, zu Lieben ist eine Aktivität, ein WEG, wie wir ihn schon mehrfach besprochen haben. Hier fällt mir noch die wunderbare Geschichte einer Jüdin ein, einer Künstlerin, die ins KZ gekommen war.

In diesem Elend dort hatte sie noch den einzigen Wunsch, noch einmal zutiefst zu lieben, was ihrem Wesen so eigen gewesen war. Sie begann über Briefe mit einem Häftling eine Liebesbeziehung und legte ihre ganze Fähigkeit zu lieben in sie hinein. In diesem sich Verströmen aus ihrer eigenen Liebesquelle erfuhr sie selbst noch einmal die Liebe vor ihrem Ende. Den Geliebten selbst sah sie nur einmal als Schatten auf dem Gang der Gefängnisbaracke. Sie brauchte einen Menschen dazu. Einer der meist berührenden schriftlich niedergelegten Beweise, dass ich wählen kann, wen oder was ich liebe. Es geht darum, zu lieben und nicht darum, die Liebe zu erwarten.

»Beglückend ist, dass ich, je mehr ich die Liebe verströme, desto reicher und lebendiger ich mich fühle in all dem Schrecklichen«, schreibt sie in ihrem schmalen Erinnerungsbändchen, das sie aus dem Gefängnis schmuggeln konnte.

Wenn also die Liebe in uns lebt, wenn wir sie einfach strömen lassen, dann können wir uns auch versöhnen, wenn wir zutiefst verletzt werden.

Wie kann man aus einer gescheiterten Liebesbeziehung lernen?

Wer so fragt, der ist bereits mitten im Lernen, er vertraut darauf, dass Entwicklungen aus einem Scheitern und aus Schmerzen geschehen können und fragt weiter nach dem Wie. Wachsen aus einem Scheitern ist grundsätzlich immer ein Prozess und mit der Sinnfrage verbunden. Diese kann lauten: »Was kann ich daraus lernen und was will sich in mir entfalten?« Diese Fragen *verlangen* von uns jedoch, auf Schuldzuweisungen nach außen weitgehend zu verzichten. Die ersten Fragen nach einer Trennung werden zumeist sein: »Was kann ich tun, dass ich diese Zeit überstehe? Wie kann ich den Trennungsschmerz aushalten? Wie

ihn lindern, umsorgen und womit verbinden?« Eine hilf-
reiche Antwort ist, uns an eine Erfahrung zu erinnern, die
uns schon einmal Trost spendete und Vertrauen schenkte
oder uns an etwas zu erinnern, was uns schon einmal gut
tat. Jetzt ist dies eine Notwendigkeit.

Freunde die uns verstehen, viel körperliche Bewegung,
Natur, Kraftorte, Bücher und Musik, Rituale und ein gere-
gelter Tagesablauf, eine Arbeit, die uns braucht, Disziplin in
Gedanken und Gefühlen. Die meditative Übung, uns selbst
nicht zu verlassen und uns unserer Talente und Stärken bewusst zu bleiben, ist besonders wesentlich.

Haben wir diese erste Phase durchgestanden, kann das
Hinterfragen beginnen. Wesentlich ist, sich liebevoll und
verstehend zu hinterfragen, auf Entwicklung orientiert;
möglichst zu versuchen, Schuld, Versagensgefühlen und
Minderwertigkeitsgefühlen Einhalt zu gebieten und diese
nicht zu nähren. Beispielsweise könnte eine lehrreiche Frage sein: »Habe ich mich zu sehr angepasst, eventuell selbst
aufgegeben? Haben wir Nähe und Distanz zu wenig beachtet? Habe ich vom anderen meine eigene Entwicklung erwartet, anstelle selbst mein Wohlbefinden zu suchen? Oder
konnte ich die Schattenseiten des anderen nicht annehmen,
weil ich auch die eigenen nicht akzeptieren kann? War ich
zu eifersüchtig?« Zu vertrauen ist grundsätzlich ein stetes
Üben und ein lebenslanger schöpferischer Weg. Zu diesem
Vertrauensweg gehört bewusst zu sein, dass uns eine positive Einstellung vorübergehend in Krisen entzogen werden
kann, sie geht aber nicht verloren. Scheitern wir in einer
Beziehung, gerät wieder vieles ins Wanken und wir zweifeln zunächst an allem. Zweifeln dürfen wir, aber wir dürfen
uns nicht mit dem Zweifel identifizieren, sondern gleichzeitig das Vertrauen bewusst ansprechen – in der Dichtung, im
Gebet, in der Bitte. Wir haben den negativen Gedanken ganz
bestimmt Einhalt zu gebieten und uns immer wieder daran

zu erinnern, dass das Vertrauen gleichzeitig da ist. Gelingt es uns, es kreativ gedanklich oder künstlerisch zu schöpfen, wächst uns neuerlich Kraft zu. Diese hilft, uns selbst nicht zu verlassen und mutig unser verlorenes Selbstvertrauen neu zu suchen, die Eigenständigkeit wieder zu fördern. Der Gedanke, was kann ich und was konnte ich, als ich alleine war, ist jetzt eine Zauberformel. Bringen wir den Mut auf, wieder dem Leben zu vertrauen, wächst uns Vertrauen auch wieder zu. Haben wir all dies durchstanden, durchlitten und gelebt, gehen wir *versehrter und heiler* aus einer gescheiterten Liebesbeziehung hervor.

Wenn ich stark an etwas zweifle, kann ich doch nicht gleichzeitig vertrauen?

Im Sinne unseres Ganz-Seins sehr wohl, denn es sind immer beide Aspekte da – Vertrauen und Zweifel. Je mehr wir uns in zweifelnden Situationen an das Vertrauen erinnern, uns ihm achtsam zuwenden, auch wenn wir es nicht fühlen können, stärkt es uns. Auch hier ist das Erinnern wieder wichtig. Wenn wir uns trotz einer negativen Erfahrung auch wieder Neues zutrauen, dann bleiben wir wachsend und lebendig. Zweifel kann auch ein Aufruf sein, Vertrauen zu bilden.

Eins nach dem anderen und im Augenblick

Wie gehe ich damit um, wenn ich merke, dass es für ein Problem keine Lösung gibt?

Vielleicht gibt es jetzt noch keine Lösung für dieses Problem und wir haben zu warten, bis etwas geschieht, das wir nicht voraussehen können. Wesentlich ist, dass wir trotzdem das Problem annehmen und es gedanklich in uns mit beiden

Seiten spielerisch bewegen. Nicht selten schenkt uns die Innenwelt zur rechten Zeit eine Antwort, wie Rilke so begeisternd in seinem Gedicht »Geduld« schreibt:

Es geht darum, Geduld zu haben, auch mit dem Ungelösten im Herzen, und zu versuchen, die Fragen selbst lieb zu haben, bis man eines Tages in die Antworten hinein lebt.

Wunderbar ist es, wenn wir in einer Lösungssuche unsere Träume einbeziehen können, denn diese zeigen oft Lösungen auf, an die wir bewusst nie gedacht hätten. Oft sind es dritte Lösungen. Hilfreich ist, die Spannung auszuhalten, zu relativieren, zu sehen, dass es in der Welt viel größere Probleme gibt als unsere. Wir dürfen uns auch zugestehen, Schritt für Schritt zu gehen und zu bedenken, was wir zur Lösung beitragen können ohne sie erzwingen zu wollen. Und wir dürfen uns an die Bitte erinnern, die uns vertrauen lässt, dass eine Wirklichkeit mitgestaltet werden kann und uns lehrt, dass Lösungen oftmals ihre ganz eigene Zeit einfordern.

Also ich könnte nicht warten ...

Spannungen auszuhalten und Geduld zu lernen, darum kommen wir nicht herum. An einer Sache oder einem Schritt *dran bleiben* schöpft die Hoffnung und die Ausdauer und erscheint mir heute als das Wesentlichste am Gelingen einer Sache. In ausdauerndem Dranbleiben können auch scheinbar unmögliche Dinge letztlich gelingen. In den schwierigen Prozessphasen eines Werkes, ich spreche es bewusst immer wieder an, spielen unterstützende kraftspendende Begleiter eine bedeutsame, wenn nicht notwendige Rolle. Seien es, wie gesagt, verständnisvolle Freunde, die Natur oder Bücher, die uns eine Heimat sind. Für mich persönlich sind es immer wieder auch der Körper, Gehen, Yoga, Schwimmen, das Gebet und die Träume, die mir helfen, Spannungen auszuhalten. Sie stellen mein Gleichge-

wicht wieder her, sie führen mich wieder tiefer in mein
Selbst, das mir ermöglicht, die Zeit selbst wieder gleich einem Gebet zärtlich in die Hände zu nehmen, wie ein Traum
es mich seinerzeit lehrte.

Die Achillesferse oder die wunde Stelle und das Selbstvertrauen

Wie können Menschen mit sehr schlimmen Erfahrungen umgehen?

Manchmal müssen schlimme Erfahrungen zunächst ruhen,
es kann nicht einmal über sie gesprochen werden, und
Orte, an denen sie sich ereigneten, können nicht erinnert
werden. Wir müssen die Zeit abwarten, bis die Kraft uns
zuwächst, etwas sehr Belastendes aufzuarbeiten.

In der Analyse nach C. G. Jung ist wesentlich, zunächst
die Ressourcen zu schöpfen, das vorhandene Schöne in einer Lebenssituation bewusst zu machen, bevor wir an die
Schatten herangehen. Zumindest sprechen wir beide Seiten an. Die Träume helfen uns dabei entscheidend, wann es
Zeit dazu ist. Zeigt sich im Traum eine Lösung, lässt sie sich
auch ins Bewusstsein aufnehmen. An die großen Wunden
unseres Lebens haben wir besonders achtsam heranzugehen und auch unsere Partner sollten darum wissen, wo unsere Achillesferse ist und sie achten. In den Sagen werden
die Helden irgendwann genau an ihrer verwundbaren Stelle getroffen. Gerade die Verletzbarkeit des Helden lässt uns
aufmerksam werden, mit unserer eigenen Verwundbarkeit
achtsam umzugehen. Leider gibt es Menschen, die andere
gerade dort, wo diese verletzlich sind, treffen wollen. In mir
fordert etwas geradezu heraus, achtsam mit Wunden eines
Anderen umzugehen.

Wie merkst du in deiner Arbeit, ob man eine Wunde ruhen lassen oder an ihr arbeiten soll?

In erster Linie folge ich den Träumen des Verletzten. Zusätzlich horche ich in meine eigene Tiefe, um auch meine unbewussten Impulse zu spüren, die ich dem Träumenden dann gegebenenfalls zur Verfügung stelle. Gemeinsam suchen wir dann nach einer Antwort. In einer Analyse einen Menschen zu begleiten ist ja auch eine Kunst.

Kann ich nicht, oder will ich nicht

Ist es möglich, einen Menschen zu begleiten, auch wenn er es eigentlich nicht will?

Begleiten können wir ihn. Die Frage ist, ob sich etwas entwickeln wird. Es zu versuchen und die Träume darüber sprechen zu lassen, was das Unbewusste will, ist in jedem Fall sinnvoll.

Wie ist es, wenn jemand dem Partner zuliebe zum Analytiker geht?

Dies kann durchaus ein Anstoß sein, wenn jemand aus Liebe zu einem anderen Menschen in eine Analysestunde mitkommt. Nicht selten ereignet sich, dass jemand Feuer fängt und spürt, dass es eigentlich um seine eigene Entwicklung geht. Er beginnt den Sinn der inneren Arbeit zu erkennen.

Warum unterbrechen manche Menschen ihre Analyse?

Wenn jemand die Analyse abbricht, stellt sich die Frage, ob jemand den Weg nicht gehen will oder nicht kann. Letztlich können wir es nur aus den Träumen beantworten. Was wir im Traum vermögen, können wir auch ins Bewusstsein einüben. Wir wissen um die Trägheit des Menschen nach innen und um seine Scheu vor Neuem. Aus diesem Erkennen habe ich das Gefühl, viele Menschen könnten sich wohl der Auseinandersetzung mit sich selbst stellen, aber sie bleiben nach außen gerichtet. Wenn jemand die Analyse unterbricht, kann die Ruhepause sehr sinnvoll sein und die Eigenständigkeit gefördert werden.

Wollen auch Menschen manchmal ihre Träume nicht erzählen?

Diese Situation erfahre ich selten. Denn zumeist zwingt eine innere oder äußere Not jemanden, einen Analytiker aufzusuchen. Die Menschen sehnen sich nach einem Instrument, das sie in der Suche nach Sinn unterstützt. Sie wollen konfliktfähiger werden, worin uns gerade die Träume entscheidende Impulse aufzeigen können, ebenso darin, gefestigter und bestimmter zu werden. Denn Träume ergänzen immer wieder Sinn bezogen unsere Fragen und stärken uns in Krisen. Im Laufe der Auseinandersetzung mit meinen Träumen beobachtete ich, dass Kritik und Verletzungen nicht mehr so in die »Weichteile« meiner Seele trafen. Es wuchs eine innere Festigkeit und ich musste Kritik nicht mehr aggressiv abwehren. So konnten sich Auseinandersetzungen freundlich lösen und es half, den anderen wirklich zu hören, sein Anderssein zu verstehen.

Brauchen alle Menschen Bestätigung?

Ja, alle Menschen brauchen Bestätigung, um zu wachsen, aber sie muss nicht unbedingt vom Partner kommen, wie oftmals erwartet wird. Beachten wir die kleinen freundlichen Gesten im Alltag und beantworten sie, erleben wir viel Bestätigendes. Ein Lächeln in der U-Bahn, das Öffnen einer Türe, das Überlassen eines Platzes sind Gesten, in denen wir beachtet werden. Eine direkte Anerkennung inspiriert besonders und wir schöpfen Kraft für Neues. Früh in meinem Leben hat mich erstaunt, dass negative Kritik so viel Raum bekommt, während die guten Dinge selbstverständlich genommen werden. Ich übe bis heute täglich, das Selbstverständliche nicht zu übersehen. Jedenfalls sollte, wie oft erwähnt, Kritik sachlich geäußert werden und nicht das Selbstvertrauen verletzen. Kritisches muss in einem Gleichgewicht stehen mit der Anerkennung. Im Geist der Zeit sind wir gefordert, Licht und Schatten in Waagschalen zu legen und aus der Herzmitte abzuwägen. Schwächen können wir nur dann tolerieren, wenn wir unsere eigenen annehmen und das Schöne an uns selbst achten. Ich wünsche mir, dass die Bestätigung einen viel größeren Stellenwert in der Welt erhält, aber auch, die Zustimmung von Innen zu achten.

Dazu fällt mir auch ein, dass wir es eigentlich fast immer selbstverständlich nehmen, dass wir gesund sind.

Ja, das besonders, bis es uns entzogen wird. Hier empfiehlt uns David Steindl-Rast, täglich etwas aufzuschreiben, was wir bisher für selbstverständlich genommen haben. Er erzählt uns mit 88 Jahren, dass er bis heute jeden Tag etwas Neues entdeckt, für das er bisher noch nicht dankbar war. Seine Credo ist: Dankbarsein führt zur Lebensfreude.

Warum kritisieren wir manche Menschen?

Kritik ist nicht selten ein Hinausverlegen des eigenen Kritikers auf andere Menschen. Sie bringt für den Kritisierenden nur kurze Zeit Erleichterung, und für den Kritisierten zumeist eine Verletzung, die zum Streit führt. Wie oftmals im Theater findet keine Erkenntnis und Veränderung statt, wir erleben nur eine Katharsis der Schattenseiten. Nirgends darf so viel ausgelebt, gestritten und gemordet werden wie auf der Bühne. Doch der Sündenbock wird nur in die Wüste geschickt, der Schatten nicht erkannt oder gar gewandelt. Theater kann allerdings sehr beflügeln oder vertiefen, wenn wir den Fokus auch auf Selbsterkenntnis richten. Ich selbst erlebe es immer wieder im Faust, in dem mir so vieles neu bewusst wird. Wesentlich ist, wie gesagt, uns selbst und den Nächsten nicht in seiner Wunde zu treffen.

Wir sind auf Entfaltung angelegt

Wer wählt denn den Weg der Selbsterkenntnis?

Den Weg wählen wir, wenn er nicht uns wählt. Jemand, der eine Sehnsucht in sich trägt, eine Unruhe des Herzens oder sich getrieben fühlt. Derjenige, dessen Widerstand größer ist als die Sehnsucht, wird den Weg vielleicht nicht zu Ende gehen. Zumeist ist es auch der Suchende und der Leidende, der diesen Weg geht. Dass jemand ein Suchender ist, zeigt sich zumeist früh im Leben. Jung hat erkannt, schöpferisch zu sein ist eine besondere Anlage mit der der Mensch auf die Welt kommt. Diese treibt ihn auch dazu, mit einem Werk kreativ zu werden oder mit sich selbst als Mensch. Nicht nur der Künstler ist ein Kreativer, es ist eine Lebenshaltung schöpferisch sein zu müssen, zu suchen, zu erkennen und zu gestalten.

Neurologen sagen, das Gehirn sei auf Entfaltung angelegt ...

Es gibt einen bedeutenden Neurobiologen, Joachim Bauer, der Untersuchungen über die Gehirnstrukturen durchgeführt hat. In seinem Buch »Prinzip Menschlichkeit« schreibt er darüber. Seine Thesen untermauern, was die Psychologie schon lange als wirksam erfahren hat. Eric Kandel, der Biologe, hat ebenfalls erforscht, dass ein großer Teil des Gehirns ein Unbewusstes aufzeigt. Genau das, was die Psychologie äquivalent erforscht hat. Es ist nur eine Frage, aus welchem Blickwinkel wir es betrachten. Ob wir davon ausgehen, dass es vom Gehirn gesteuert ist, oder von der Psyche. Ich selbst wage die hier festgehaltenen Aussagen, weil ich die Dinge erfahren und geträumt habe. Erfahrung ist für mich das Wissen über das Unbewusste, das Vertrauen schafft und dieses wird uns jetzt von naturwissenschaftlicher Seite bestätigt. Der Mensch braucht diese von verschiedenen Richtungen. Wir müssen erkennen, dass alles in einer Wechselwirkung steht, und dass wir verschiedene Zugänge zur Wahrheit brauchen. Der Mensch ist auch in der Lage, nonverbale Schwingungen wahrzunehmen, um etwas oder jemanden erfassen zu können. Wir sind begabt, uns für eine ganze Reihe von Zeichen, die der andere aussendet, zu öffnen. Sie zeigen sich in Körper, Gestik, Mimik und in der Ausstrahlung eines Menschen.

Zugehörigkeit, eine tiefe Sehnsucht

Eine der stärksten Sehnsüchte des Menschen ist Zugehörigkeit. Sei es im Außen oder im Innen. Das Dazugehören zu einer Familie, einem Partner, einer Gesellschaftsschicht oder einem Staat, die Zugehörigkeit zu einer spirituellen Heimat ist für den Menschen existenziell wesentlich.

Wie definierst du Spiritualität?

Wenn wir von Spirit sprechen, denken wir an eine unsichtbare, immaterielle Welt. Wir benennen sie mit Geist, Atem,

Seele und als unsterblichen Hauchkörper. Ein sterbendes Kind beschrieb diese als »innere Schönheit«, die niemand nehmen kann.

Ich denke unsere Frage heute ist, wie erfahre ich Spiritualität? Wir erfahren Spiritualität beispielsweise im Wort, in der Musik, in der Malerei, an Kraftorten, in der Natur, in der gelebten Liebe, im auf dem WEG sein. Spiritualität als unser geistiges Wachsen zu verstehen, ist für mich eine wunderbare stimmige Beschreibung. Dieses innere Wachsen bewusst wahrzunehmen, bewirkt die eigentliche Entwicklung und Wandlung, schreibt C. G. Jung in seinen Erinnerungen. Sie ereignet sich zwischen gegensätzlichen Polen wie beispielsweise Angst und Vertrauen. Hoffnung bildet die wesentliche Brücke im Prozess der Vereinigung der spirituellen Gegensätze, bis wir Vertrauen erfahren dürfen.

In Krisenzeiten stellt sich die Angst schnell und bedrohlich ein und sie zieht Unsicherheit, Minderwertigkeit, Versagen und Schuld nach sich. Wenn wir nun die Träume einbeziehen, dann ergänzen sie zumeist diesen destruktiven Einbruch mit Vertrauen. Beispielsweise unsere Angst mit einem Bild der Zuversicht und des Vertrauens, wie es uns auch Ingeborg Bachmann in ihrem Gedicht »Böhmen liegt am Meer«, das sie in tiefster Krise schrieb und Hilde Domin in der »Bitte« verheißen. So wachsen wir auf dem WEG einer ganzheitliche Wirklichkeit immer mehr in unsere spirituelle Heimat, in die Liebe und das Vertrauen hinein, um aus ihr in die Welt hinein zu leben.

Ist Spiritualität konkret erfahrbar?

Ja, alle Menschen haben tragende, spirituelle Erfahrungen, wenn ich danach frage. Sei es als Kind auf einer Blumenwiese, in einer Kirche, auf einem Berggipfel, bei der Geburt eines Kindes. Nur selten nehmen sie die Erfahrungen ernst, sie vergessen sie, sodass sie nicht in ihren Lebens-Alltag einbezogen sind, während die angstbesetzten Ereignisse sofort abrufbar sind. Im gemeinsamen Erinnern werden erstere wieder lebendig.

Selbsterfahrung gipfelt ja in einer Gotteserfahrung. Ihr geht oftmals eine Ahnung voraus und wir zögern, uns auf das uns eher fremde Vertrauen einzulassen. Unsere menschlich Natur, eingespannt in Gegensätze, sehnt sich nach Vertrauen und hat auch Angst vor numinosem Geschehen. Wenden wir uns jedoch ängstlich, vertrauend diesem Weg zu, werden wir das Erahnte erfahren. Denn in der Tiefe des Unbewussten finden wir die spirituellen Verheißungen – Getragen-, Geführt- und Geborgensein, Geliebtwerden und Dankbarsein. Die Träume führen uns an diese Erfahrungen heran.

Tritt dann auch das eigene Ego zurück?

Ja, indem wir uns mit unseren unbewussten Kräften verbinden, können wir aus einer vertrauenden Mitte leben. Dieses Zentrum will immer wieder neu errungen werden.

Gegen die Angst: Demut und Hoffnung, Erinnern und Vertrauen

Demut und Hoffnung sind wunderbare, wirksame Brücken in angstvollen Zeiten. Demut relativiert angesichts des Leides in der Welt und sie erinnert uns an Erlebtes, das wir bestanden haben. Die Hoffnung lässt uns vertrauen, dass Zukünftiges entstehen wird und wir die Kraft haben werden, auf uns zukommende Aufgaben zu meistern. Die Gegensätze von Angst und Vertrauen in uns immer wieder zu versöhnen erfüllt unser Leben bis zum Ende mit Sinn.

C. G. Jung erforschte, dass das wesentliche Leiden des Menschen in der Moderne die Sehnsucht nach Sinn ist und erkannte seine Einsamkeit darin. Nur eine persönlich sinnvolle Verbindlichkeit des Menschen am Gelingen der Schöpfung, in der er sich spirituell neu verankert, kann seine Einsamkeit erlösen. Die spirituelle Neu-Verankerung des Menschen in der Moderne ist verborgen in seine Lebensfrage und -antwort, die von seinem Talent bestimmt ist, zu seinem und dem Wohl der Anderen. In diesen bestimmten Fragen ist die Sinnfrage gestellt und er hat seine Zugehörigkeit zur spirituellen Ebene neu kreiert. In seiner Antwort hat der Mensch sie gefunden. Dies enthebt ihn trotzdem nicht einer gewissen Einsamkeit in der Welt.

Die schwierigste Krise ist die, in der wir zunächst keinen Sinn erkennen. In ihr fühlen wir Angst, uns als Bodenlose und Un-Geborgene.

Jetzt sind wir bis an unsere Grenzen gefordert und auf unsere Rituale und Verbündete angewiesen, die zu Trägern der Hoffnung werden, um zu überstehen. Jetzt sind sie notwendig! Auch eine solche scheinbar sinnlose Krise mit den damit verbundenen Ängsten müssen wir annehmen und durchstehen, bis wir in ihr durch unsere Verwandlung vielleicht später einen Sinn sehen und begreifen können. Die Demut des Blickes, Hoffen und Erinnern stärken unser Vertrauen so sehr, dass wir die Angst langsam einbeziehen und zu »ängstlich Hoffenden« werden können.

Also müssen wir demütig sein?

Das Buch »Die Demut des Blickes« von Susanna Tamaro liegt stets in meiner Sichtweite. Dieser Blickwinkel inspiriert mich immer wieder, meine bedrückenden Stimmen im schmerzvollen Leid der ganzen Welt zu hören. Dies hilft besonders in einer Krise, in der wir zunächst keinen Sinn sehen und die beinahe unerträglich zu sein scheint. Ringen für das Vertrauen, anstelle gegen die Angst zu kämpfen, baut die Brücke ans andere Ufer, an dem wir wieder neuen Boden spüren. Oftmals trägt ein anderer Mensch für uns die Zuversicht voraus, eventuell ein Analytiker, ein Partner, ein Freund, oder auch ein Traum, bis Vertrauen in uns reifen kann.

Wieso überfallen uns so schnell existentielle Ängste?

Die destruktive Seite der menschlichen Natur wirkt automatisch, wie wir bereits besprochen haben, die Lichtseite haben wir zu schöpfen. Angst ist eine der stärksten Grundgefühle des Menschen, deshalb sind Vertrauenswege so wesentlich für unser Wohlbefinden. Dass Ängste so schnell existentiell werden hängt damit zusammen, dass sie jeweils auch an unsere eigene Todesangst rühren.

Daher sind unsere Ängste auf dem Weg in das Vertrauen als Teil der menschlichen Natur einzubeziehen. Das bedeutet, an ihnen hinterfragend und durchleidend zu arbeiten – sei es, uns selbst in unseren Ängsten besonders liebevoll zu umsorgen, oder ihnen eben keinen maßlosen Raum zu gewähren, oder sie auch mutig zu überwinden, sie gegebenenfalls nicht zu nähren und uns zu fragen: Welche andere Möglichkeit, als mich zu ängstigen, gäbe es? Wie wurde in Märchen, Mythen und Religionen mit Angst umgegangen? Wird in ihnen vor allem der Weg betont, werden Mut, Vertrauen und die Hoffnung gestärkt? Die christliche Religion stellt den humanen Weg zwischen der Angst und dem Vertrauen in den Mittelpunkt. Letztlich trägt zur Bewältigung einer Angstkrise immer wieder bei, auf unsere Erfahrungen zurückzugreifen und uns zu erinnern, wie wir in früheren Ereignissen bestanden haben und daraus hervorgegangen sind und die Träume einzubeziehen.

Gerät nicht jemand, der plötzlich einen nahen Menschen verliert, in eine große Existenzangst?

In einem solch plötzlichen, schweren Schicksalsschlag ist unsere Existenz zunächst immer grundsätzlich gefährdet. Wir fühlen uns schmerzvoll zerrissen und bodenlos. *»Manchmal ist das Leben dann nur ein Überstehen«*, schrieb Rilke dazu. Und wir brauchen vor allem Zeit, menschliche Beziehungen und Ruhe, bis wir jenen Urgrund wieder spüren können, an dem wir Unverlorene sind. Wie in allen Krisenzeiten sind auch jetzt unsere Verbündeten, Rituale und Freunde notwendig. Die Träume helfen dabei auch auf eine unbeschreiblich berührende Art. Menschen, die uns plötzlich verlassen haben, erscheinen verjüngt mit Botschaften im Traum, die uns trösten.

Die Träume, die Botschafter, vermitteln, was im Bewusstsein fehlt

Manchmal wache ich auf und kann mich kein bisschen mehr an meinen Traum erinnern.

Das kann ich gut verstehen. Wir träumen zwar jede Nacht vier bis fünf Mal, aber die Frage besonders unserer Kultur ist, ob wir uns an die Träume erinnern. Unsere Welt ist bisher nicht darauf eingestellt, das Unbewusste in das Alltagsleben einzubeziehen. Auch die Traumwelt will ein achtsames Zuwenden, damit wir uns ihrer Bilder erinnern. Das bedeutet, ihnen jeden Morgen ein paar Sekunden Aufmerksamkeit zu schenken. Wertvoll ist, ruhig im Bett mit geschlossenen Augen liegen zu bleiben, um die Träume bewusst werden zu lassen. Erinnern wir sie, ist es sinnvoll, zumindest ein Stichwort sogleich noch aus ruhiger Lage zu notieren. Sie entziehen sich uns schnell wieder, wir haben es schon an anderer Stelle erwähnt. Schenken wir den Träumen diese Aufmerksamkeit, so stärkt sich ihre Welt und wir werden uns auch immer mehr an sie erinnern. Auch nur ein einzelner »Traumfetzen« will geschätzt werden. Denn dieses unbewusste Bildgeschehen wächst uns zu, wenn wir sein Wachsen liebevoll begleiten. Denn das Symbol des Ursprungs der Träume ist ein göttliches Kind. Und trotz allem Zuwenden ist es ganz natürlich, dass wir unsere Träume nicht immer erinnern können, insbesondere wenn wir im Außen stark gefordert sind, wie du jetzt in der Matura. Denn der Energiehaushalt ist konstant und beispielsweise schweigende, ruhige Abende stärken die Erinnerung. In meiner eigenen Analyse habe ich das erste halbe Jahr kaum Träume erinnert, mich aber jedem Bild zugewendet. Nachher begann ich bis heute die Träume in Fülle zu erinnern.

Zu Beginn einer Analyse symbolisiert sich dieses Durchgehen durch unsere Zweifel an einer Bedeutsamkeit der Träume als eine Enge, ein Tunnel, eine Röhre oder einen Felsspalt. Durchdringen wir sie, erwartet uns auf der anderen Seite eine Öffnung in eine helle Weite. Diese drückt ein Bewusstsein für unser Vertrauen aus, sodass wir bereit sind, uns dieser anderen Welt zu öffnen. Die hervorragenden Eigenschaften einer Heldin in den Märchen ist, dass sie ihre Aufgaben dort fleißig und geduldig erfüllt, wie in der Frau Holle. Sie gibt nicht auf, hält durch, bis sich der Goldregen ereignet. Die wesentlichste Tugend einer solchen Heldenfigur ist jedoch, dass sie aus ihrem Scheitern immer wieder aufsteht und neu beginnt.

Träume sind dabei auf dem individuellen Weg wunderbare Verbündete, sie spenden Trost und führen vertrauensvolle Bilder an uns heran, lassen uns einerseits Zeit und ermutigen uns andererseits zu neuem Leben. Es lohnt sich, den Träumen Zuwendung zu schenken – ein ganzes Leben lang.

Wieso erscheinen die Schattenseiten automatisch in uns?

Das Wieso kann ich dir nicht beantworten, da musst du den Schöpfer befragen. Dieser automatische Prozess scheint der menschlichen Natur zugehörig zu sein, wie ebenso die Fähigkeit, die Lichtseiten zu schöpfen. Dieses Licht aus dem Unbewussten zu holen, ohne schattenlos zu werden, ist eine jener Lebensfragen, die wir begabt sind zu beantworten. Vielleicht ist es gerade unsere Aufgabe als Mensch, uns nicht dem Destruktiven auszuliefern, sondern mit aller Kraft das Positive zu schöpfen, um die Schöpfung zu vollenden. Eben um jene Waage zwischen den Gegensätzen sein zu können, von der wir schon gesprochen haben. Vornehmlich in der Krise stellen sich Angst, Schuld und Zweifel sehr schnell von selbst ein, während wir um das Vertrauen in uns zu ringen haben. Diese Gegensätze wollen sich ja gerade in uns versöhnen. In der christlichen Kultur ist die Versöhnung im Karfreitags-Ritual verheißen, das die Auferstehung schon in sich birgt. Für uns persönlich bedeutet es, zu versuchen, in Krisen das Vertrauen, anstelle es zu VERLIEREN, zu schöpfen.

Kann durch das Unbewusste nicht auch ein Schmerz verstärkt werden?

Ja, das geschieht leider auch, da in jeder gegenwärtigen Krise gleichzeitig auch die Kindheitswunden und der Weltschmerz berührt werden. Doch das Unbewusste will zutiefst immer das Leben.

Aber man braucht schon eine professionelle Begleitung, die einem dabei hilft und die Träume auch versteht?

Eine professionelle Begleitung unterstützt selbstverständlich den Prozess und die Wirkkraft der Traumbotschaften.

Zunächst ist oftmals in Krisenzeiten das mitfühlende Verstehen ebenso wesentlich wie die Erkenntnisebene. Sind wir alleine dem Traumgeschehen gegenübergestellt, ist hilfreich, darauf zu achten, wie ich aus einem Traum erwache, denn dieses Gefühl selbst begreift auch die Botschaft des Trauminhaltes.

Die Träume zu erzählen, sie aufzuschreiben, sie zu malen oder zu gestalten unterstützt jedenfalls ihre Wirkkraft. Uns ihrer Botschaft bewusst zu werden und sie übend in den Alltag zu integrieren ist der Königsweg.

Die wunderbare Zeitvermehrung

Wie wirkt sich die Beziehung zum Unbewussten aus?

Auf vielerlei Weise! Unser großer innerer Reichtum erweitert den bewussten Blickwinkel auf die Dinge, wir nehmen unser Leben intensiver wahr und die Zeit vermehrt sich durch ein inneres Lebendig-Sein. So ist die Achtsamkeit, die wir den inneren Bildern schenken, sinnvoll, indem wir mit unseren Träumen das Alltagsleben bereichern. Steindl Rast sieht die Sehnsucht nach Lebendig-Sein als das dem Menschen wesentlichste Streben an. In ihm ordnet das SELBST die verschiedenen gegensätzlichen Triebe zur Mitte des Herzens hin. Wird uns dies bewusst, verwandelt sich der Prozess gegensätzlicher Triebe aus einem sich Bekämpfen in ein strebendes Ringen, das versöhnt. Es ordnet WEG-orientiert aus einem liebenden Blick. Wir erfahren in diesen Augenblicken des Versöhnens so etwas wie inneren Frieden. Jung benennt es in dem so treffenden Bild einer *»ängstlichen Hoffnung«*. In diesem Sichtbarmachen der unsichtbaren Welt vermehrt sich auch unsere Lebensfreude, wir werden dankbarer und verzeihender. Letztendlich beglückt es unser Leben. Diese

ganzheitliche Innenschau will ins Wachbewusstsein einge-
übt werden und bereichert unser Alltagsleben wesentlich.
Ebenso will die innere Zeit ihren Gesetzen gemäß geachtet
und ins Außen einbezogen werden. Beispielsweise in der
Frage: »Wofür habe ich jetzt die Kraft?«

Und wie wunderbar ist es, wenn ein beglückender Traum
den Alltag leise begleitend durchzieht.

Wie übst du im Alltag?

Ich übe auf vielerlei Weise und rituell. Mein Leben war immer von verschiedenen, gleichzeitigen Anforderungen bestimmt. Darin musste ich Rituale finden, in denen ich Körper, Seele und Geist zu nähren vermochte. Damals begann
ich täglich zu schwimmen. Währenddessen kann ich meine
Träume reflektieren, den Alltag gedanklich vorbereiten und
dem Körper das geben, was er täglich braucht, Bewegung.
Dabei komme ich auch gefühlsmäßig zu mir selbst, zur Ruhe,
Dankbarkeit und Lebensfreude. Vor dem Frühstück spreche
ich ein kleines Gebet, aus dem ich immer wieder neu Zuversicht und Vertrauen schöpfe, dass die Last des Alltags geteilt
werden darf. Während kurzer klösterlicher Einkehrzeiten
und sonntäglichem Gottesdienst bringe ich meine zerstreu-
ten Gedanken immer wieder zum Herzen zurück. Die ord-
nende Kraft liegt in uns und wird in Wort und Musik lebendig. Jung hat erkannt, dass die Kraft nur wirksam werden
kann, wenn wir sie in Gebeten und Gedichten ansprechen.

Hier fällt mir wieder Rilkes Gedicht ein:

Ich lebe mein Leben in wachsenden Ringen,
die sich über die Dinge ziehen.
Ich werde den letzten vielleicht nicht vollbringen,
aber versuchen will ich ihn.

So können sich auch Lösungen ergeben, an die wir im Augenblick noch nicht denken. Die wachsenden Ringe sind ein wundervolles Bild dafür. Zärtlich mit mir zu sein, übe ich wahrscheinlich noch zu wenig. Die Erfahrung, in der ich des Nachts damals in goldene Bäder der Zärtlichkeit eintauchte, will sicher noch mehr Achtsamkeit von mir. Seither bin ich allerdings gewiss, dass der tiefste menschliche Urgrund zärtlich und liebend ist, mit Licht und Schatten. Diese Erfahrung haben wir auch ins Alltagsgeschehen zu übertragen.

Hast du eigentlich eine wesentliche Veränderung auf deinem Weg erlebt?

Und wie ich sie erlebt habe und immer wieder neu erlebe! Es waren so viele Dinge meines Unterwegs-Seins die einen Wandel bewirkten, dass ich mich mit dieser Frage beinahe überfordert fühle. Der erste wesentliche Schritt der Veränderung, den ich erinnere war, auf Schuldzuweisungen nach außen zu verzichten und den Fokus auf die Entfaltung des Eigenen zu richten. Das bedeutete in allen Situationen mich zu hinterfragen, was kann ich zu ihrem Gelingen beitragen, und es nicht mehr von außen zu erwarten. Das brachte eine entscheidende Veränderung und auch eine innere Freiheit, denn diese Möglichkeit habe ich selbst in der Hand. Das klingt jetzt so einfach, aber das war eine sehr anspruchsvolle Aufgabe, an der ich immer wieder scheiterte und neu beginnen musste. In ihr lernte ich geduldig zu werden und anzunehmen, dass der Weg nur Schritt für Schritt, Stufe um Stufe gegangen werden kann und sich jeweils der nächste Schritt erst aus dem Gehen ergibt. Ich erfuhr, dass der Weg nach Innen sich naturgemäß vor- und rückwärts bewegt, gleich dem Urbild des Labyrinths in Chartres. Ich erkannte, dass Zurückschreiten jedoch nicht bedeutete, dass wir an den Anfang zurückkehren, sondern an einer neuen Wende dem Ziel näher kommen.

Eine weitere wesentliche Veränderung, die ich erlebte, ist die Bedeutsamkeit der Träume. Ich versuche sie täglich zu erinnern und bin glücklich, wenn ich sie am Morgen noch erhaschen und durch den Tag mitnehmen kann. Sie stärken mich vor allem auf dem Weg, bis ich zwischen Zweifeln und Vertrauen Gewissheit erfahre.

Ein große Stufe der Veränderung war, als ich Bitten und Beten lernte, da mein Bewusstsein bis dahin als Juristin doch einigermaßen überheblich gewesen war. Sie geschah, als ich mit Jugendlichen im Gefängnis arbeitete und völlig an meine persönlichen Grenzen kam. Einer der Jugendlichen hat übrigens ein Buch über seinen Weg geschrieben. Fuhren sie nach einem Wochenendurlaub in unserer Familie ins Gefängnis zurück, ahnte ich, dass eine Flasche Schnaps sich in der Tasche versteckt hatte. Dies war im Gefängnis strengstens verboten und bedeutete drei Tage lang Bunker bei Licht, eine schwere Strafe. Jedoch sie darauf anzusprechen wäre ein Vertrauensbruch ihnen gegenüber gewesen. Hier gelangte ich vom Bewusstsein her an eine absolute Grenze. Angst, Verantwortung und Sorgen quälten mich. Ich öffnete mich erstmals einer Sache auch bittend und durfte erfahren, dass diese gut ausging. Es war mein Einstieg in einen bis heute andauernden spirituellen Weg, auf dem ich versöhnter mit allem Schmerzlichen geworden bin und dankbarer dem Schönen gegenüber, wie ich dir ganz zu Anfang gesagt habe.

Der Traum und die Ganzheit

Zeigen uns Träume Möglichkeiten auf? Warnen sie uns auch vor etwas?

Ja, beides, sie zeigen unschätzbare Möglichkeiten auf, das begeistert mich immer wieder von Neuem in der Traumarbeit. Unseren Mut, unser Vertrauen, unsere Liebesfähigkeit, aber vor allem sind sie Kompass des uns eingeprägten Weges der Heilung, der Versöhnung der Gegensätze. Sie warnen auch vor Gefahren. Allerdings betrifft die Warnung vorwiegend innere Einstellungen, die andere Werte in uns gefährden. Gleich den stiefschwesterlichen Stimmen im Märchen Aschenputtel, die die Würde der Heldin erniedrigen und verspotten. Aber die inneren Gefahren werden, wie wir wissen, auch nach außen wirksam. Eine andere wunderbare Möglichkeit ist, Spirituelles zu erfahren, zu begreifen, ganzheitlich zu erfassen, mit Körper, Seele und Geist. Der Weg vom Erkennen zum begreifenden Erfahren bedarf unseres geduldigen Dranbleibens und Einübens der im Traum aufgezeigten Möglichkeit in den Alltag.

Was verstehst du unter Ganzheit?

Ganzheit umfasst Bewusstes und Unbewusstes. In dieser Aussage haben wir immer wieder zu bedenken, dass sechs Siebentel aller psychischen Möglichkeiten unbewusst sind und bewusst werden wollen. Jung setzt die Ganzheit bildlich einem Eisberg gleich, dessen Spitze dem Bewusstsein entspricht, während der unter dem Wasser liegende, große Teil dem Unbewussten entspricht. Wir sehen also, welche Aufgabe uns als Mensch aufgetragen ist. Es geht vor allem darum, die uns vorhandenen Gegensätze zu versöhnen. In einer konkreten Situation bedeutet es, bewusste Ängste mit vertrauendem Geschehen eines Traumes zu verbinden. Darin stärkt sich in archetypischen Bildern unser Selbstvertrauen. Ich selbst erfuhr es in einem Traum mit »Anna Selbdritt«, die mich als Zweifelnde mit einem ganz bestimmten Blick vertrauensvoll stärkte. Jung hat dieses Sinn bezogene Ergänzen der Träume erforscht, das unsere Ganzheit bewirkt.

In der Analyse wurde mir über einen Traum bewusst, dass das Unbewusste erkannt werden und mit dem Ich in Beziehung treten will. Ich träumte die Begegnung mit einem Wolf, der mich am Leben bedrohte. Ich wollte flüchten, doch ich wusste, dass er immer schneller sein würde als ich. Eine Stimme rief mir zu: »Bleib stehen!«. Wir standen uns Auge um Auge gegenüber und zu meinem Erstaunen war sein Blick warm und fragend. In dem Augenblick, als ich seine Sehnsucht nach Erlösung erkannte, fiel das Tierfell von ihm ab und vor mir stand eine Gestalt aus Licht. In der Traumarbeit wurde mir bewusst, dass mein lebenslanger Erkenntnisdrang offenbar diesem unerlösten Unbewussten gegolten hatte, das symbolisch in Tierform, hier im Wolf, auftreten kann. Erstaunlich bleibt für mich, dass das Erkennen selbst schon die Verwandlung bewirkte. Es beweisen die Erkenntnisse Jungs, dass Bewusstwerden uns eigentlich zum Menschen macht.

Entsteht Selbstvertrauen auch in Erziehung?

Selbstvertrauen kann durch Erziehung selbstverständlich gefördert werden, wenn es von Herzen kommt. Das Kind muss sich um seiner selbst willen geliebt fühlen und nicht wegen irgendwelcher Leistungen. Wesentlich ist, dass Kritik sachlich bezogen bleibt und nicht das Selbstvertrauen des Kindes verletzt oder seine Würde angreift!

Ich persönlich umarme meine Kinder, wenn etwas nicht gelungen ist, freue mich an jedem Entwicklungsschritt und lobe Gelungenes. Kritik, wenn notwendig, versuche ich sachlich zu äußern und fördere die spirituelle Seite, die eigentlich unserem Selbstvertrauen begründet ist. Jeder muss im Erwachsenwerden noch seinen eigenen Weg ins Vertrauen gehen.

Bin ich gegen Enttäuschungen geschützter, wenn ich mir selbst klarer bin?

Jedenfalls bin ich geschützter, wenn ich Dinge erst mit mir selbst kläre, bevor ich damit nach außen gehe. Besonders hilfreich ist, wenn wir auch einen bewussten Verzicht auf eine Seite einbauen, die sich nicht ereignen könnte. Das schützt uns davor enttäuscht zu werden. Ich erfahre allerdings, dass auf dem Weg des Bewusstwerdens ein eigener Schutz über unserem Leben liegt. Kollektiv rituell wird er in der Taufe gespendet, in der Konfirmation oder Firmung gestärkt. In diesen Ritualen wird ein Leben auch in eine gesellschaftliche und spirituelle Gemeinschaft eingebettet.

Verändert uns eine Krise selbst?

Nein, die Krise alleine verändert eben nicht. Haben wir nicht schon darüber gesprochen? Die Krise öffnet zwar ein Tor nach innen, nicht selten in eine tiefe spirituelle Schicht. In diesem Augenblick sind wir auch bereit, uns zu verändern und diese Erfahrung, zumeist ein liebender Blick auf das Leben, in den Alltag aufzunehmen. Üben wir dieses Erleben rituell in das Bewusstsein ein, entzieht uns das Unbewusste die Erfahrung nicht mehr und die spirituelle Ebene bleibt bewusst. Das Wesentlichste ist, dass wir in diesen Krisen lernen können, den Blickwinkel selbst von einem quälenden und herabsetzenden in einen die Dinge umkreisenden zu verwandeln.

Wieso können Krisen so besitzergreifend sein?

Leider ist es so, dass in Krisen die Angst, die Unsicherheit und der Zweifel von uns zunächst ganz Besitz ergreifen. Ein Gleichgewicht zum Tragenden und Geborgenen zu gewinnen bedarf des Innehaltens, Abwägens und Schöpfens. Jung erinnert uns, dass das Göttliche die Waage ist.

Setzen wir uns in Krisen nicht bewusst auseinander, können sie sich auf die Körperebene verlagern. Krisenhafte Störungen zeigen sich oft schon im Vorhinein an, indem wir nervös und unruhig werden oder uns selbst und andere zu kritisieren beginnen. Sie zeigen sich auch in den Träumen.

Also ist negative Kritik Ausdruck einer Krise oder eher einer Lebenshaltung?

Sowohl als auch. Es gibt eine überwiegend negative Einstellung zum Leben, die einem starken inneren Kritiker entspringt. Sie ist krisenhaft, weil sie destruktiv und einseitig ist. Wandelt dieser Mensch sein negatives Lebensbild, das sich nach außen projiziert, dauert die Krise nicht an. Sie ist anders zu bearbeiten als eine Krise, die plötzlich durch ein Ereignis über uns hereinbricht, zeigt aber ähnliche Symptome.

Nach Jung steht hinter jeder Krise zumeist die religiöse Frage. Er wies darauf hin, dass unsere Zeit vor dieser Frage steht. Die Sinnfrage bewegt sich in diesem Zusammenhang auf zwei Ebenen. Einerseits wird sich der Mensch seines inneren Kritikers bewusst, arbeitet er daran, kann sich seine Schattenseite erlösen. Anderseits geht es um das Schöpfen unserer Lichtseiten wie Vertrauen und Dankbarkeit und gleichsam, dass wir unser Talent in den Dienst des allgemeinen Wohles stellen.

Gibt es verschiedene Arten der Krise?

Selbstverständlich gibt es verschiedene Krisen. Krisen können von innen her bedingt sein oder durch einen Schicksalsschlag im Außen. Es gibt kleinere und größere Krisenzeiten, solche die relativ rasch vorübergehen und jene, die Jahre brauchen dürfen, wie ein Todesfall. Ich trete immer dafür ein, der Trauer genügend Raum zu schenken. Sei es, um innere Einstellungen oder einen nahestehenden Menschen zu verabschieden. Natürlich ist es auch wesentlich, den Bezug zu dem Lebendigen dankbar zu pflegen. Aber unser rascher Geist, der das Unbewusste nicht mit einbezieht, bedingt nicht nur das »Burn out«, sondern will auch die archetypischen Trauerzeiten abkürzen. Und dann gibt es ja noch eine ganz persönliche Verabschiedungszeit. Die Erschöpfungskrise unserer Zeit könnte durch die unbewussten Ressourcen wesentlich sinnvoller heilen. Dazu ist von uns verlangt, die innerseelischen Gesetze der menschlichen Natur ernst zu nehmen. Der Analytiker versucht in dieser gegebenen Situation, die Kräfte des Unbewussten anzusprechen und mitzuhelfen, sie freizulegen. Manchmal darf diese Hilfe ganz konkret sein, wie beispielsweise ein notwendiger Anruf aus einer Analysestunde heraus.

Was ist, wenn man aber niemanden hat, der einem beisteht?

Es tut mir unendlich leid, wenn jemand in einer Krise allein ist und niemand ihm beisteht. Es gibt auf der Welt noch viel zu viel einsames Leid. Ich habe diese schwer auszuhaltende Situation nur so lösen können, dass ich mit meinem Talent das Mögliche zum Lindern des Leids beitrage und versuche, mit einem offenen Blick dafür durch das Leben zu gehen. Lass uns auch daran erinnern, dass wir andere bitten dürfen, was uns nicht so leicht fällt. Wesentlich ist dabei, dass wir unser Eigenes beitragen, sonst werden wir zur Last. Denn Freunden in Krisen beizustehen ist nicht nur einfach, da ja unsere eigenen unbewussten Wunden auch angesprochen werden. Mitgefühl zu leben ist einerseits ein Talent und andererseits, wie der Buddhismus im Besonderen lehrt, auch Ziel eines inneren Reifens. Allerdings ist die Bewältigung des Leidens Thema aller Weltreligionen, ebenso wie das Entfalten des Herzensblickes. Im Christentum ist das Überwinden der Hartherzigkeit ein wesentliches Gebot. Jeder ist Mitmensch und bedarf unserer Zuwendung.

Wie zeigen sich Krisen in der Literatur?

Die Literatur bewegt sich ja vorwiegend zwischen Krisen, Untergang oder einer Lösung, zwischen Hass und Liebe. Für mich zeigt ein gutes Kunstwerk jedenfalls stets beide Seiten – die Krise und eine zu einem Entwicklungsschritt inspirierende Lösung. Deshalb sind uns Bücher ja auch in Krisen eine Heimat. Kunst muss etwas bewegen, eine Vision in sich tragen, sonst wird sie mich im Dunklen zurücklassen. Das ist nicht nur für den Betrachtenden, Hörenden, Lesenden, sondern auch für den Künstler Lebensatem oder gefährlich.

Traurig und eindrücklich sehen wir es im Leben der Schriftstellerin Ingeborg Bachmann, die am Schluss des Traumkapitels in ihrem Roman »Malina« das männlich Böse so klar beschreibt wie kaum ein anderer Dichter. Ist sie selbst vielleicht gerade an diesem tiefen, einseitigen Eindringen in die dunkle Seite gescheitert und an ihr buchstäblich *verbrannt?* Bachmann hat jedoch nicht nur das Böse beschrieben, sondern sie war auch eine große Visionärin der Liebe. Ihre Vision:

»Eines Tages werden unsere Hände begabt sein für die Güte«, berührt mich immer wieder ebenso, wie eine andere von

ihr: »*Die Menschen werden schwarz goldene Augen haben (...)
Sie werden die Schönheit sehen, sie werden vom Schmutz befreit
sein.*«

Das ist ihre Vision der Liebe, die sie als Utopie bezeichnet, und die sie nur in der Kunst lebbar sah. Wo blieb sie selbst als Mensch? Hätte sie mit derselben Kraft ihr persönliches Gleichgewicht, ihre mystische Vision der Liebe ebenso in den Mittelpunkt des Lebens stellen müssen, mit der sie das Böse künstlerisch beschrieb? Vielleicht hat sie uns die Beantwortung dieser Frage hinterlassen, an der ihr Leben als Frau scheiterte?

Kann uns Spiritualität wieder in ein Gleichgewicht bringen?

Ja, ich frage mich oft, wie anders? Wie leben Menschen ohne auch auf eine spirituelle Heimat bezogen zu sein? Wir sind doch auf sie angelegt! Ich erlebe ein Annähern an dieses Gleichgewicht täglich neu in einem rituellen Üben, sei es körperlich, seelisch oder geistig. Es bewirkt, dass ein unstimmig begonnener Tag zu einem stimmigen wird. Das Übende lebendig werden lassen, unsere spirituelle Heimat, sei es Lebensfreude, Gelassensein oder Vertrauen kann einen Tag stimmig werden lassen. Gelingt die Verbindung an manchen Tagen nicht, so haben wir uns an diesen besonders zu umarmen und sind dadurch gleichsam in unserem Gleichgewicht.

In diesem täglichen Üben stärkt sich auch die Kraft die wir brauchen, um Krisen zu überstehen. Auch der Körper kann uns mit der Spiritualität verbinden, im bewussten Gehen, Atmen, Tanzen oder Schwimmen. Ja, das Entdecken der uns eigenen Spiritualität dient vor allem unserem Gleichgewicht und bringt uns in eine Mitte des Herzens auf die wir als Mensch angelegt sind und auf die auch geschaut werden will.

Wie stehst du zur Leidenschaft?

Es kommt darauf an, was wir darunter verstehen. Etwas leidenschaftlich zu tun, ist meinem Wesen sehr nahe. Ich sage ja auch, ich bin eine leidenschaftliche Analytikerin. Hier ist sie vorwiegend mit der Begeisterung verwandt. Wir kommen aber nicht darum herum, dass dieses Herangehen auch Leiden schafft, weil es zur Maßlosigkeit neigt. David Steindl-Rast schreibt dazu in der »Achtsamkeit des Herzens«: *»Ungezügelte Sinne und abgetötete Sinne lassen uns nicht lebendig sein.«*

Seine Lösung ist, dass die Dankbarkeit die Sinne in eine Mitte ordnet. Dies entspricht auch meiner Erfahrung. Bringen wir sinnlich begeisternde Ereignisse im Innehalten und Dankbarsein zu uns – wie ich es nenne, nach Hause –, ordnet sich die nach außen gerichtete sinnliche Energie auch nach innen. Sie findet darin zu einem maßvollen Lebendig-Sein und zu sich selbst zurück. Ich denke für dieses nach Hause finden brauchen wir die Liebe und die Vernunft.

Dieses Thema, angesprochen auf Leidenschaft und die Sexualität, beantwortete Jung für mich vor Studenten sehr weise: *»Sexualität ohne Liebe schadet der Seele.«* Die Träume orientieren jeweils sinnbezogen unseren Weg in die Liebesbeziehung.

Die Stimmung kommt aus den Träumen

Ist die Stimmung eines Sommers ein Sinnbild für Leichtigkeit und Leidenschaft?

Eigentlich scheinen Leichtigkeit und Leidenschaft wie Gegensätze, aber es geht ja gerade darum, die Gegensätze zu versöhnen, was nur in der Liebe möglich ist. Scheint mir die Liebe das Sinnbild einer sommerlichen Stimmung zu sein? Sie unterscheidet sich durch ein anderes Zeitverständnis; der Sommer geht vorbei und die Liebe ist dem Zeitlosen zugehörig, gleich der Traumzeit. Sie endet erst mit unserem letzten Atemzug und vielleicht auch dann nicht?

Dankbar erfahre ich, dass ich die nächste Nacht wieder träumen werde, versäume ich einen meiner Träume. Das ist das große Geschenk der Träume, dass sie aus ewiger Quelle immer wieder neu fließen und wir das Erlebte träumend in den Alltag verinnerlichen.

Wenn man es aber in der Früh eilig hat, wie kann man dann trotzdem mit den Träumen leben?

Ja, es erscheint wie gegensätzlich und es geht trotzdem! Vielleicht mit jener leidenschaftlichen Begeisterung von der wir gerade gesprochen haben und mit einem steten Dranbleiben. Uns die Träume zu merken – wir träumen ja jede Nacht mehrmals – bedarf es des achtsamen Innehaltens während einiger Sekunden beim Erwachen. Vielleicht stellen wir uns schon beim Einschlafen auf diese Achtsamkeit ein. Wesentlich ist das Innehalten beim Erwachen – nicht aufzuspringen, weder uns nach rechts oder links zu drehen, sondern ruhig im Bett liegen zu bleiben und die Bilderwelt zuzulassen und in weiteren zwei Minuten mindestens ein Stichwort zu notieren. Ich höre immer wieder, dass Träumende denken: Das Bild merke ich mir bestimmt. Und schon beim Frühstück stellen sie fest, dass alles verschwunden ist. Mir fällt beim darüber Sprechen auf, dass es vor allem um eine ernsthaft Achtsamkeit geht, und dass es weniger eine Zeitfrage ist.

Die eigene Erfahrung: eine Reise in die Tiefe

Wie würdest du die Zeit deiner Krankheit beschreiben?

Die Träume und Erkenntnisse dieser Zeit sind für mich Erfahrungen einer Reise in die Tiefe. Wunderbar war, dass ich dieses Gefühl von Anbeginn dieser Lebenskrise hatte und gewiss war, ich habe an ihr zu reifen. Es waren so viele Dinge, die ich zu lernen hatte, etwas ganz Wesentliches war sicher die Auseinandersetzung mit dem Tod. Sie lehrte mich, mich dieser Tiefe zu öffnen und ihr zu vertrauen, aus ihr versuchen zu leben und zu *lieben*. Vor allem kam ich in meiner körperlichen Schwäche an eine Grenze, an der ich das Gefühl erlebte, angekommen zu sein. Denn ich konnte nicht mehr sprechen, denken, gehen und musste alles aus dieser Seins-Ebene her neu lernen. Aus dem Schweigenden erwuchs ein neues Leben, das mehr aus einer Körper- und Herzmitte entstand. Über diese Erfahrungen habe ich einige Tagebücher geschrieben, die viel direkter sind als ich heute darüber Auskunft geben kann. Denn nun bin ich schon lange wieder in die Welt und den Alltag zurückgekehrt. Daher denke ich, ist es sinnvoll, daraus direkt zu zitieren:

Propstei St. Gerold, November 1982
nach dem Spitalsaufenthalt:
Ich weiß wieder, was es heißt, zutiefst verletzt zu sein, seelische Schmerzen bis zum Schreien zu erleiden. Man hält sie beinahe

nicht aus, es brennt, es quält, es ist unerträglich, man kämpft,
ist ohne Boden, fällt ins Dunkle, ins Leere, leidet bis zum Zerrei-
ßen. Plötzlich ergreift uns am Höhepunkt der Spannung eine tiefe
Ruhe. Ich will sie in ein Bild oder in Sprache schöpfen, es geht
nicht. Es scheint mir, als hätte in dieser Ruhe etwas in mir – erlöst?

Dezember 1982
Lieben bedeutet, seine Seele in die tiefsten Schichten zu öffnen, und
angenommen zu werden.

Dezember 1982
Ich erwache mit tiefen, warmen Gefühlen der Trauer und Zärtlich-
keit. Nach dem Erwachen sinken sie langsam wieder in die Tiefe
und mir wird bewusst, wie viel Gefühl in unserem Unbewussten
verborgen liegt und welche Möglichkeiten auf uns warten.

Januar 1983
Gestern Abend in der Dämmerung konnte ich das Göttliche spü-
ren. Eine Stimme sagte: Vertraue, du musst nicht operiert werden.
Der kleine Tumor ist nicht bösartig.

Zu diesem Zeitpunkt war ich ungewiss, ob ich mich einer
Gehirnoperation unterziehen muss. Diese Erfahrung und
ein Traum haben mein Vertrauen gestärkt.

Ich begegne im Traum einem Wolfshund, manchmal erscheint er mir ganz zahm, manchmal gefährlich und bissig.
Plötzlich reißt er heulend sein Maul auf. Ich erschrecke zutiefst, denn ganz in seiner Nähe ist ein Vater mit einem kleinen Kind. Zu meinem größten Entsetzen läuft dieses arglos
auf den Hund zu und legt vertrauensvoll sein Köpfchen in
den aufgesperrten Rachen. Zu meinem Erstaunen wird der
Wolf ganz zahm und das Kind befreit sein Köpfchen wieder unverletzt aus dem Rachen des Wolfes. In der darauffolgenden Analysestunde beruhigte mich mein Analytiker

und erklärte mir das Traumgeschehen und sagte: »*Vertraue dich, wie dieses Kind, der Krankheit und den unbewussten Impulsen an und wachse aus deinen Erfahrungen in deine innere Fülle des Seins, deinen Reichtum.*« Dieses Kind im Traum ist etwas Göttliches, das ewig Werdende in uns, das sich dem Schönem und Schrecklichem anvertraut und daraus wächst. Dank meinem Analytiker konnte ich dem Traum folgen und bin ohne Operation wieder genesen. Bis heute versuche ich mich immer wieder neu mit dem Vertrauen dieses Kindes zu verbinden.

Warum hast du diese »Reise in die Tiefe« gerade in der Krankheit erlebt?

Während des Krankseins war ich einerseits von den Anforderungen der äußeren Realität befreit und andererseits im Bewusstsein, Kopfdenken und im Körper sehr geschwächt. So konnten mich die innersten Bilder, Visionen und Träume erreichen. Schon am ersten Tag hatte ich das Gefühl, dass diese Zeit für meine Entfaltung wesentlich werden würde. Ich las in dieser Zeit auch viel Dürckheim, der vom Durchbruch des »Wesens« spricht. Dieses Herausgenommen-Werden aus einem vielseitig belasteten Alltag ermöglichte mir, tiefer nach innen zu horchen. Es war auch ein Blick in mir geöffnet, der mir nur jetzt möglich war.

Was ist eigentlich genau passiert?

Eine leichte Gehirnblutung war die ärztliche Diagnose, eine kleine Ader war im Gehirn geplatzt. Erst nach drei Monaten erfuhr ich allerdings, dass kein bösartiger Tumor sie verursacht hatte. Ich litt unter ungeheuer starken Kopfschmerzen, jeder Gedanke tat weh und ich musste das Denken aus dem Kopf weitgehend ausschalten. Und genau das führte mich in meine Mitte zum Wesentlichen und dazu, aus ihr heraus zu denken. So übte ich meine Intuition. Ähnlich geschah es mit dem Sprechen, jedes gesprochene Wort tat weh, und ich musste schweigen und genau das Schweigen stärkte die Seins-Ebene. Ein Traum hatte mir allerdings in dieser Erkenntnis geholfen und angezeigt, dass gerade in der Stille eine wesentliche Entwicklung geschah und es sinnvoll für mein Reifen war, zu schweigen. Kopfoperationen im Traum unterstützten diesen Wandlungsprozess vom Kopfdenken zum Bauchdenken. Von der Ratio zu einer Wortschöpfung aus der Mitte.

Ich selbst verstand mein Kranksein immer als eine sinnbezogene Anforderung, meinen Weg tiefer nach innen zu gehen. Es ist ja nicht so, dass das Denken ausgeschaltet werden soll, aber das Ziel ist, dass die Antworten mehr in einer Körpermitte entstehen und mit den Gefühlen verbunden werden. Es geht darum, ein Gleichgewicht zwischen Liebe und Vernunft zu finden.

Wann bist du krank geworden, gab es davor Anzeichen die du ignoriert hast?

Ja, vor allem auch einen Traum, den eine Analytikerin und ich zu wenig verstanden haben und ich ihm deshalb nicht folgen konnte. Zu diesem Zeitpunkt war ich sehr erschöpft. Jahrelang war ich gleichzeitig mehrfach belastet gewesen, Familie, Kinder, Beruf und Ausbildung. Wie so viele Frauen der damaligen Zeit erlebte ich, dass mir mein eigener geistiger Weg von der Außenwelt nur schwer zugestanden wurde.

Gegen Ende meines Psychologiestudiums ereignete sich dann der Zusammenbruch. Ein Traum, in dem ich mein eigenes Herz erbrochen hatte, hatte mich gewarnt, aber wir hatten ihn zu wenig verstanden oder es musste gerade so sein, sonst hätte ich die Reise in die Tiefe nicht erfahren.

Bewusst im Alltag hatte ich mich damals wie auf ein Kreuz gespannt gefühlt. Vielleicht hat sich gerade in den Erfahrungen der Liebe dieses Kreuz zwischen äußeren Anforderungen und innerer Wirklichkeit erlöst?

Die Augen der Liebe

Die Augen der Liebe waren mir geöffnet, als ich aus meiner Bewusstlosigkeit erwacht war. Ich hatte das Gefühl, in ein Urmeer der Liebe eingetaucht zu sein und betrachtete alle, meinen Mann, Ärzte, Krankenschwestern, aus dem Blickwinkel bedingungsloser Liebe. Sogar das Krankenzimmer schien mir in ein seltsames strahlendes Licht getaucht. Jede Nacht tauchte ich wochenlang wieder in diese – wie ich sie nannte – »goldenen Bäder der Zärtlichkeit«. Im Alltagsgeschehen war ich verletzlich und schwach. Eigentlich vertrug ich nur Kinder um mich. Je stärker und gesünder ich wurde, umso schneller versanken am Morgen diese goldenen Bäder der Zärtlichkeit ins Unbewusste. Diese Erfahrung lässt mich heute gewiss sein, dass der tiefste Urgrund des Menschen Liebe ist. Täglich bin ich seitdem unterwegs, mich in kleinen Schritten diesem liebenden Urgrund immer neu zu verbinden und aus ihm zu leben.

Verwechseln wir »brauchen« nicht auch oft mit »lieben«?

Diese Frage wäre für meine Erfahrung zu einfach und auch nicht stimmig. Denn dieses außergewöhnliche Sein der reinen Liebe war für mich eine reale Erfahrung und seither bin ich ja auch erst gewiss, dass der tiefste Kern des Menschen die Liebe ist. Und wir dürfen auch im Sinne Erich Fromms jemanden brauchen, um ihn zu lieben, aber nicht anstelle der eigenen Entwicklung gebrauchen.

War dein Zustand nahe dem Tod?

Mein seelischer Zustand rührte sicher an eine Welt, die ich als die Jenseitige beschreiben würde. Denn ich empfand körperlich und geistig mein Genesen wie eine neue Geburt aus einer anderen Schöpfung. Ich musste ja meine Sprache erst langsam wieder finden, gehen lernen und als ich meine Hände wieder bewegen konnte, schrieb ich viele Tagebücher. Ich hatte in diesen Wochen des Genesens so viel Zeit für mich wie nie zuvor in meinem Leben. Seither sehe ich das Leben anders. In diesen Ausnahmezeiten sind wir eben mehr diejenigen, als die wir mit einem liebenden schöpferischen Gedanken gedacht sind, wirklich.

Hast du dir in dieser Zeit Sorgen über deine Familie und deinen Beruf gemacht?

Eigentlich kann ich mich nicht daran erinnern, vermutlich war ich eins mit dem Sein, vertrauensvoll und getragen. So war ich weitgehend unerreichbar für Sorgen und Zweifel und vertraute, dass etwas Sinnvolles mit mir geschieht. Mein Mann hatte dankenswerter Weise den Haushalt zusammen mit unserer guten Frau Witschi übernommen, die Kinder erledigten wie immer ganz selbstständig ihre Schulaufgaben und bestanden in dieser Zeit auch ihre Matura. Es war eine Gnade meines Lebens, dass die Kinder ihre Schulaufgaben eigenständig erledigten. Wir wurden von anderen Eltern oft nach diesem Geheimnis gefragt. Ich sehe das als Geschenk des Schöpfers an, denn ich glaube, das wäre für mich zu viel gewesen.

Nach meinem kurzfristigen Krankenhausaufenthalt hatte ich zur Genesung einige Wochen in der Propstei St. Gerold verbracht, eine klösterliche Einkehr, die den Sinn meines Weges wesentlich unterstützte. Als ich wieder nach Hause zurückkehrte, war ich noch immer sehr verletzlich und schwach. Ich konnte mich um niemanden kümmern und auch die anderen konnten mich aufgrund ihrer Verpflichtungen wenig umsorgen. Es war wohl gut so, denn so konnte ich in einem etwas abgeschiedenen Gartenzimmer in Ruhe *»versehrter und heiler zu mir selbst entlassen werden«*, wie Hilde Domin es in ihrem Gedicht »Bitte« verheißt.

Was würdest du Menschen, die sich große Sorgen um ihre Lebenssituation machen, aus deiner Erfahrung empfehlen?

Es tut mir sehr leid, dass Menschen sich oft so große und auch unwesentliche Sorgen machen. Ich habe es im Krankenhaus miterlebt. Alles drehte sich ums Essen und um Untersuchungen, niemand fragte nach dem Sinn oder hinterfragte seine Krankheit auch als einen Prozess des Heilwerdens und Vertiefens. Wir gestehen uns eine solche Zeit erst in einer Krankheit zu. Mir ging es jedenfalls als Frau dieser Zeit damals so. Nach meiner Genesung hatte ich das Gefühl, zehn Jahre lang eine andere Welt durchwandert zu haben, gleich einem Totenreich, und ich war völlig überrascht, als ich eines Morgens erwachte und unfassbar beglückend erfuhr, wieder auf der diesseitigen Seite des Lebens zu sein. Es war mir, als käme ich aus einem Reich der Kälte und ich empfand die diesseitige Welt als bunt und gefühlvoll. Eine geheimnisvolle Erfahrung, die ich noch nicht verstehe.

Jedenfalls war ich Schritt für Schritt von innen her wieder in mein Leben und seine Aufgaben hinein gewachsen. Saint-Exupéry schreibt: *»Jede Krankheit ist ein inneres Kloster mit seinen Einsamkeiten, Erfahrungen und Verwandlungen.«* Das hat sich auch für mich ganz und gar bewahrheitet.

Der Traum im Leben des Träumenden

Träume haben mich in der Krankheit wesentlich und unverzichtbar begleitet, meine Zweifel gemildert, mir Vertrauen geschenkt, aber mich vor allem in der Frage des Reifens orientiert, begleitet und unterstützt. Beispielsweise in dem Sinn des Schweigens und der neuen Geburt, in der ich alles aus einem anderen Seins-Grund neu lernen musste. In der analytischen Psychologie verstehen wir den Traum vornehmlich auf subjektiver Ebene, die für meinen Prozess äußerst hilfreich war. Alle Traumfiguren und Inhalte sind Anteile und Geschehnisse unserer Psyche, die uns bewusst und zugehörig werden wollen. Entweder, indem wir sie in unser Bewusstsein übend aufnehmen, wie das Vertrauen, oder indem wir sie wie Ängste und Zweifel bearbeiten. Es ist für den Menschen in unserer Kultur nicht leicht, die Aussagen der Träume ernst zu nehmen. Leben wir einmal mit den Träumen, möchten wir nie mehr auf sie als bereichernde Begleiter verzichten. Nicht nur, weil sie uns im Alltag hilfreich sind und uns lebendig werden lassen, sondern auch weil sie in Krisenzeiten, wie einer Genesung, zuverlässige Freunde sind.

Träumen Menschen ähnliche Bilder und haben sie eine ähnliche Bedeutung?

Ja, das war ja die bedeutende Entdeckung C. G. Jungs, dass es in der menschlichen Psyche eine Tiefenschicht gibt. Er nannte es das »Kollektive Unbewusste«, in das menschheitsumspannende Bilder des Reifens und Heilens eingeprägt sind. Die Urbilder, Vater, Mutter, der Schatten, das helfende Tier oder der Tod als Symbol der Wandlung ebenso wie das göttliche Kind, Symbol einer neuen Geburt aus Wasser und Geist. In diesen sich ähnlichen Bildern geht es immer um Wandlung und Reifen zu einem neuen liebesbegabten Menschen. Ein persönliches Unbewusstes färbt dieses kollektive Geschehen, das von unserer Kindheit sehr bestimmt ist. Das Individuelle ist vorwiegend mitgeprägt von jenen Erfahrungen, die wir im Elternhaus, in der Schule und unter Freunden und Lehrern erlebt haben. Diese Kindheitserfahrungen verbinden sich später mit jedem gegenwärtigen Ereignis ebenso wie mit den Urbildern. Deshalb ist uns die Heftigkeit unserer Reaktionen oft so unerklärlich. Wir sollten uns vor Vergleichen hüten und Erklärungen aus Symbolbüchern erst nach den persönlichen Assoziationen zu einem Traumbild beachten und mit ihnen Trauminhalte umkreisen. Zu empfehlen sind die Symbolbücher von Manfred Lurker.

Verlangsamung als Nahtstelle zwischen Innen und Außen

Die Welt wird doch immer schneller und schneller?

Das stimmt, aber wir können uns diesem Geschehen auch widersetzen. Immer schneller zu werden trennt uns von der Innenwelt, auch von unseren Gefühlen und lässt uns maßlos werden. Alles verändert sich außen sehr schnell und wir brauchen immer etwas Neues, den neuesten Computer, das neueste Handy, die neuesten Sportartikel, von Autos und dergleichen will ich gar nicht reden, weil die Außenwelt unseren inneren Hunger nicht stillen kann. Das Verbinden zwischen Innen und Außen erreichen wir im Verlangsamen der Zeit. Einerseits ein verrücktes Unterfangen, andererseits nehme ich mir nur ein paar Sekunden Zeit, um daran zu denken, dass ich mich auf etwas freuen oder für etwas dankbar sein darf, so kann etwas in mir still werden und sich in ein wundersames Glücksgefühl wandeln.

Was ist der Unterschied zwischen lebensbestimmend und lebensbejahend?

Wir tragen ein lebensbestimmendes JA in unserer Tiefe, das unser Leben und dessen Werden in seiner Ganzheit prägen will. Dieses will und muss bewusst geschöpft werden. Nelly Sachs hat es in so wunderbare Verse gefasst. Wir sollten versuchen, »*in den spielenden Flammen des Lebens ein selbstvergessenes Lächeln zu bewahren*«.

Träumend erscheint in Krisenzeiten dieses Kind, das uns nachts aus der Tiefe vertrauensvoll anlächelt oder im Dunkel aus sich selbst heraus leuchtet. Dieses besondere Kind ist das Symbol des lebensbestimmenden JA in uns zu Licht und Schatten und seinem Wachsen. Jung schreibt, wir nehmen es oft erst in Krisenzeiten, zurückgeworfen auf unser Inneres, wahr. Vielleicht können wir diese spielenden Flammen auch als unsere Leidenschaften verstehen, die uns im Schöpferischen oder in der Sexualität zum Spiel werden können. Jung geht davon aus, wie gesagt, dass Sexualität nur dann zu einem Spiel wird, wenn sie in einer Liebesbeziehung geschieht. Ich gehe davon aus, dass für uns Menschen die Sexualität eine hohe liebende Vereinigung zweier Individuen sein kann, als Krönung. Für mich steht sie jedoch als Höhepunkt am Ende einer seelischen und geistigen Annäherung, während Beziehungen der Moderne damit beginnen.

Ich bin gewiss, dass die körperliche Vereinigung auch die Dimension geistigen Lebens in sich trägt und die Selbstvergessenheit im Orgasmus der Ausdruck einer ganzheitlich erotischen Lebensschau ist, die dem Lächeln eines Kindes gleicht: glücklich, selbstvergessend und ganz im Augenblick!

Die Beziehung in der Moderne

Das Internet spielt inzwischen für Beziehungen eine große Rolle. Viele Menschen suchen und finden über das Internet Partner. Wie stehst du dazu?

Ja, – ich mit meiner Geisteshaltung – etwas ambivalent. Ich verstehe, dass in der heutigen Zeit Menschen einen Partner über das Internet suchen. Das Internet ist vielleicht jene Spielwiese, die früher ein großer Ball war. Für mich persönlich ist es kein Weg. Ich glaube, dass Beziehungen sich zur richtigen Zeit ereignen. Ich achte darin etwas, in das ich persönlich nicht steuernd eingreifen möchte.

Ich erinnere mich allerdings an eine Geschichte, in der eine große Romantikerin im Internet einen Partner suchte. Sie erlebte viele Enttäuschungen über diese Kontaktsuche, die sie auch schwer trafen und ihr Selbstwertgefühl angriffen. Es kam jedoch der Zeitpunkt, wo sie erkannte, dass, – wenn sie diesen Zugang wählt –, sie spielerischer und unverletzlicher werden muss, »cool« würde man heute sagen. Und siehe da – einige Zeit, nachdem sie sich diese Einstellung erarbeitet hatte, fand sie über das Internet einen Menschen, bei dem sie dann auch in der realen Begegnung das Gefühl hatte: »Das ist der Richtige.«

Unverletzlicher und spielerischer?

Das sind zwei wunderbare Dinge, die du ansprichst. Unverletzlicher und spielerischer zu werden, gehört zum inneren Entfalten. Sie sind dem Göttlichen zugehörig, das geschöpft werden will. Das verlangt, dass wir uns einerseits der Verletzungen unserer Kindheit bewusst werden und diese immer wieder liebevoll umsorgen, andererseits, uns zu erinnern, dass wir im Tiefsten angenommen und geliebt sind. In den

Träumen erscheint dies oftmals in einem Fremden, der uns liebt. Dieses Bewusstsein legt uns den Boden, unverletzlicher und spielerischer werden zu dürfen, weil wir unsere eigene Wunde mit vertrauensvollen Banden verbinden. Wir gehen nicht mehr naiv mit der Haltung einer romantischen Märchenprinzessin an das Leben heran und erwarten, dass das Glück vom Himmel fällt, sondern wir wissen darum, dass die spielerische Ebene durch Freiheit erwachsen ist.

Was ist für dich das Wesentliche an einer geglückten Beziehung?

Das versöhnende Wort »geglückt« gefällt mir an deiner Fragestellung, weil es einen Weg beinhaltet. Geglückt ist eine Beziehung, an der die Partner aneinander wachsen, indem sie die schönen Seiten einer Beziehung dankbar schätzen und da,s was sie irritiert, ausdrücken und sich gleichzeitig hinterfragen, was es mit ihnen selbst zu tun hat. Oftmals handelt es sich beim Irritierenden um eine Eigenheit, die wir an uns selbst nicht annehmen können, oder die wir gerade in unser Leben aufnehmen sollten. Zum Beispiel, ein Partner ist langsam und introvertiert, und der andere ist schnell und extravertiert. Lernen sie voneinander, bedeutet es für beide eine Entwicklung. Der Introvertierte übt, mehr nach außen zu gehen, der Extravertierte geht achtsamer mit seiner Innenwelt um. Wir tragen ja beides in uns, gehen aber zumeist mit einer Hauptfunktion an das Leben heran. Diese fächert sich noch in eine Gefühls-, Empfindungs-, Denkfunktion und die Intuition auf, ein begabter Zugang zum Unbewussten. Jung hat ein Buch zu dieser Typenlehre geschrieben. Das Bewusstsein, welchem Typus wir angehören, trägt unschätzbar zum Verständnis in Beziehungen bei. Beispielsweise ist dem Gefühlstyp die liebevolle Atmosphäre das Wesentlichste, während den Empfindungstypen ein

Fleck auf dem Teppich in seinem Gleichgewicht vollkommen stören kann. Es ist förderlich, diese Eigenheiten zu beachten, denn auch je länger eine Beziehung dauert, umso achtsamer haben wir mit ihr zu sein. Einer unserer größten Feinde ist die Gewohnheit. Jedenfalls ist das Wesentlichste, die Verliebtheit in Liebe zu wandeln. Verliebtheit geschieht, Liebe ist eine Aktivität! Eine Kunst.

Die Lebensfreude – eine Schwester der Liebe

Das Credo des Benediktinermönchs David Steindl-Rast ist: *»Dankbar sein führt zur Lebensfreude«*. Es hat mein Leben vor 30 Jahren revolutioniert, sowie der Gedanke, auf das halbvolle Glas und nicht auf das halbleere zu schauen. Seither ist meine stete Übung, mehrmals am Tag, kurz Inne zu halten – sei es an der Straßenbahnhaltestelle oder im Autobus –, um dankbar zu sein, für den gelebten Augenblick, in einem Land ohne Krieg und Hunger. Zu diesem Einüben der Lebensfreude im Dankbarsein inspiriert mich bis heute auch ein Traum, in dem ich von einer aus ihrer Mitte heraus selbstvergessen tanzenden Lotusblüte träumte. Dieses zu entschlüsselnde Bild war die Antwort auf ein vorhergegangenes Traumgeschehen, in dem mir die Frage gestellt wurde, was ich in meinem Leben ändern würde, hätte ich noch ein Jahr zu leben. Es dauerte Wochen bis ich die Botschaft verstand, doch dann war sie ganz klar: Ich würde das Leben aus der Freude heraus leben. Dies umzusetzen war nicht so einfach und ich übe bis jetzt. Ein geglücktes Leben fordert auch Disziplin und Verzicht. Dies scheint ein Widerspruch zu sein. Beispielsweise kann es ein bewusster Verzicht sein, weniger zu arbeiten, der uns aber lebendiger werden lässt. Fließen wir mit diesem Wandel, freuen wir uns und unser Leben wird zärtlicher. Diese Prozesse bewirken dauerhaft ein Glücklichsein, das leise unser Inneres durchzieht, im Unterschied zum brillierenden Glück des Augenblicks.

Was verstehst du unter Liebe?

Meine spontane Antwort ist: Der liebevolle Blickwinkel bewertet, verurteilt und bestraft nicht, gerade wenn jemand scheitert. Liebendes Verstehen hinterfragt, erkennt, lernt, ist mitfühlend, verzeihend und versöhnend. *Die Liebe ist ein JA, das unser Entfalten und Wachsen als ganzer Mensch will. Sie ist letztlich die Kraft, die die Gegensätze von Licht und Schatten zu versöhnen vermag.*

Natürlich gibt es verschiedene Formen der Liebe, die Mutterliebe, Freundesliebe, Kindesliebe, die Liebe zwischen Mann und Frau und die Gottesliebe. Sprechen wir von Liebe, denken wir schnell an die bedingungslose Liebe. Bedingungslos lieben kann nur der göttliche Teil in uns. Die irdische Seite in uns kann diese Toleranz zunächst nicht gewähren, sondern will ihre Illusionen und Vorstellungen, wie der andere zu sein hat, durchsetzen und besitzen. In diesen Gegensatz sind wir eingespannt und gefordert, sie zu vereinen. Nur die Kunst zu lieben, die WEG-orientiert ist, kann diese Gegensätze versöhnen. Das bedeutet für uns, immer wieder zu üben mit dem Herzen zu sehen, eine Lebensschau, die erfreut. In ihr ist die Lebensfreude eine Schwester der Liebe, sie ist eine Seelenverwandte. Fremd ist uns eher, dass sie auch mit dem Maß in einem Verwandtschaftsverhältnis steht.

Gibt es für das Lieben auch ein Maß?

Ja, das erfahre ich immer wieder in meiner Praxis. Erst kürzlich begegnete ich einer Mutter, die am Zusammenbrechen war und nur noch weinte. Sie hatte zu viel geliebt, ihren Kindern all ihre Lebensenergie geschenkt. Wir können im Lieben auch unsere eigenen Grenzen überschreiten, vor allem die körperlichen. Dies geschieht, wenn wir unserer eigenen Entwicklung zu wenig Achtsamkeit schenken.

Schließt Liebe nicht auch andere aus?

Ich glaube, die Liebe schließt ein! Verliebtsein schließt aus. Nicht selten suchen eigene Kinder und Freunde darin ihren Platz. Liebe will sich teilen, sie bedarf allerdings zwischen Partnern einen Weg. Bewusstsein über sich selbst, lebendige Gespräche und ein Achten der Andersartigkeit. Ein Gleichklang zwischen Nähe und Distanz spielt ebenso eine wesentliche Rolle. Denn die Leidenschaft des Anfangs will in die Liebe hinein verwandelt werden. Das bedeutet, mit den Seins-Ebenen des Verliebt-Seins – wie Leichtigkeit, das Spielerische und Selbstvergessene sowie das Vertrauende – selbst aktiv zu werden und es in die Beziehung einzubringen. Sind wir mit einem Menschen in der Kunst des Liebens verbunden oder verbunden gewesen, so fließt dieser Strom in der Tiefe ewig weiter, wir sollten uns nicht gewaltsam davon trennen wollen. Allerdings verlangt dies von uns höchste Achtsamkeit und Flexibilität.

Hat nicht Ephraim Kishon dazu geschrieben?

Ich kenne die Geschichte nicht. Aber ich schätze Ephraim Kishon, sein Leben in Schönheit und Schrecken und seinen Humor über alles. Dieses große Talent wird letztlich sein Leben gerettet haben, indem er schreibend die schrecklichen Erfahrungen verarbeiten konnte. Humor in seiner Fähigkeit, die Dinge auf eine andere Ebene zu transzendieren scheint manches Mal die einzige Möglichkeit zu sein, zu überstehen. Im Unterschied zum Witz transzendiert Humor in der Liebe. Und Lieben ist eine Kunst, die des göttlichen

Humors bedarf. In der Leidenschaft übersteigern sich die Gefühle in der Phantasie, ungestört von der Realität und sind nicht eingebunden in das kreative Gestalten eines Kunstwerks, das des Spielerischen und Humorvollen bedarf.

Wie wichtig ist Flexibilität in der Liebe?

Flexibilität und Stabilität sind zwei sich gegenseitig bedingende Lebensformen, gleich Abenteuer und Geborgenheit. Wie wir wissen, fließt die Lebensenergie zwischen den Gegensätzen und bewirkt unser Lebendig sein, nach dem wir uns so sehnen. Heute wagen immer mehr junge Paare dieses miteinander lebendig zu leben. Sie pflegen bewusst das gemeinsame Glück mit einem Kind und trotzdem verreisen sie auch alleine oder treffen regelmäßig ihre Freunde. Diese Flexibilität, auch im Innen, wird ihnen allerdings nicht geschenkt sondern muss immer wieder erlitten und neu erarbeitet werden. Denn die Treue gehört ebenfalls zur Kunst des Liebens.

Du sagst, Lebensfreude ist die Schwester der Liebe.

Ja, mir gefällt auch diese Seelenverwandtschaft. Wir könnten die Freude auch als eine Tochter der Liebe sehen. Denn wie würden wir einen freudlosen in einen freudvollen Tag verwandeln, ohne ihn anzunehmen und in zärtliche Hände zu betten. Gelingt die Verwandlung sind wir beglückt, gelingt sie nicht, ist der Tag im liebenden Blick gerade dann geborgen. Rituale, wie körperliche Bewegung und die relativierende, dankbare Sicht auf die Dinge, helfen uns dabei. Sie sind sehr wesentlich für unsere Lebensfreude.

Ein gesunder Geist in einem gesunden Körper ist eine uralte Weisheit. Unsere körperlichen Rituale sollten sich jedoch angenehm gestalten. Beginne ich mit dem Bewusstsein, welch ein Glück es ist, dass ich diese Bewegungen ausführen kann und dabei mit wachen Augen aus dem Fenster schaue und dankbar bin, ein Stückchen Himmel zu sehen, so stellt sich ein leises Gefühl der Freude ein.

Mir persönlich fällt es schwer, Körperübungen in den Alltag einzubeziehen.

Es fordert von uns Disziplin, vor allem, wenn wir keine Lust dazu haben und die Freude sich erst nachher einstellt. Aber es ist sinnvoll eine Übung zu wählen, die unser Herz erfreut, dann fällt die Überwindung leichter – sei es tanzen, schwimmen, laufen, gehen, malen, schreiben.

Unverloren und geborgen

Du versuchst immer wieder, auch an schwierige Situationen positiv heranzugehen.

Ja, auch das bedingt immer wieder eine kleine Anstrengung, auch in den Gedanken. Selbst wenn ich von Natur aus eher eine Optimistin bin, bin ich der Überwindung nicht enthoben. Vielleicht ist es auch ein Talent und die Beziehung zu meinem Vater? Denn wir fühlen uns ja alle einerseits unverloren und geborgen, andererseits auch immer wieder zutiefst verloren und heimatlos. Zwischen diesen Gegensätzen entfalten wir uns und suchen unsere Zugehörigkeit in der Welt. Die Kraft, mich zu entfalten, kam von Innen, ich war von Innen gedrängt, dazu bestimmt und musste an schwierige Situationen aktiv herangehen. Eine wesentliche Hilfe darin waren meine Einstellung zur Spiritualität und meine Erfahrungen. Ich erinnere mich hier an eine junge Frau, die plötzlich unerwartet schwer erkrankte. Wir hatten etwa ein Jahr zusammen an ihren Träumen gearbeitet, und sie war mir sehr ans Herz gewachsen. Trotzdem wir alles versucht hatten, ihr Leben hier in der Welt zu retten, gelang es uns nicht. Aber sie und wir alle mit ihr erfuhren eine wundersame geistige Heilung und sie wurde uns darin zur Lehrerin. Ich durfte sie kurz vor ihrem Tode noch einmal besuchen und sie verabschiedete sich mit den Worten: »*Ich bin so dankbar, dass es hier in der Stube warm ist, dass mir meine Mutter jeden Tag das kocht, was ich gerne esse, und dass ihr mich besucht und jetzt da seid. Dies ist euer Geschenk an mich. Ich, die so nahe am Tod ist, kann euch anders beschenken, mit Gewissheit, in etwas geborgen zu sein, unverloren zu sein, das ihr nicht spüren könnt.*«

Im tiefsten Leid lehrte sie uns, dankbar zu sein, und erzählte über ein Geborgensein, von dem wir getrennt waren. Diese Erfahrung inspiriert uns bis heute zu üben, im Jetzt zu leben.

Was ist denn der Sinn des Lebens?

Wir haben schon darüber gesprochen. Der Sinn, wie wir ihn erfahren, ist einerseits, dass sich die uns immanenten Gegensätze wie Angst und Vertrauen nicht mehr bekämpfen, sondern sich gegenseitig befruchten und wir an ihnen wachsen. Sowie bereit zu werden, mit dem Wandel des immateriellen Prozesses zu fließen. Bereit werden heißt, uns im Ordnen der gegensätzlichen Tendenzen nicht mehr zu quälen, sondern abwägend um die Dinge zu kreisen. Andererseits sind wir in der Sinnfrage herausgefordert, mit unserem Talent dem Gemeinwohl zu dienen.

Ist jeder Mensch fähig zu lieben?

Aus meiner Sicht, die sich mit den Erfahrungen der Mystiker und des Gehirnforschers Joachim Bauer deckt, bin ich gewiss, dass in jedem Menschen als tiefste Wurzel ein Kraftmeer der Liebe eingeprägt ist. Darüber haben wir schon anlässlich der Reise in die Tiefe gesprochen. Wie nahe oder wie weit jemand davon entfernt ist, hängt von vielen Zeit- und Lebensumständen ab, von Kulturen und Gesellschaften. Jedenfalls haben wir uns stets neu kreativ mit dieser Tiefe zu verbinden und die liebevolle Einstellung zu schöpfen. Denn zu lieben ist eine Kunst und unterliegt denselben Gesetzen wie ein Kunstwerk: Hingabe, Disziplin, Geduld und Ausdauer. Ich wiederhole dies gerne, weil wir es im Alltag immer wieder vergessen. Es gibt Menschen, die der Liebe von Natur aus näher sind oder tiefere Erfahrungen gemacht haben, wie beispielsweise Mutter Theresa. Aber auch sie hatte sich darin erschöpft und litt am Ende des Lebens an einer Gottesferne. Wesentlich ist, dass wir uns bewusst bleiben, dass Liebe ein Talent ist, eine Möglichkeit, die unserer höchsten Achtsamkeit bedarf.

Wie entsteht unser Selbstvertrauen?

Es ist eine wunderbare Frage und ich möchte sie dir mit einer späten Einsicht anlässlich der Dialoge in Goldegg »Vertrauen und Risiko – das Lebendige wagen«, beantworten. Du fragst ja schon verständnisvoll: »Wie *entsteht* Selbst-Vertrauen?« Ja, Vertrauen *entsteht!* Wir können es nicht *haben*, es ist der Seinsebene, den Gesetzen der Kunst des Liebens zugehörig und verlangt von uns Hingabe, Geduld und Ausdauer, folgen wir den Gedanken von Erich Fromm. Folgen wir C. G. Jung entspringt Vertrauen dem SELBST, symbolisiert in Religion und Traum als ein göttliches Kind. Aus diesem neuen Ursprung zwischen Bewusstem und Unbewusstem dürfen wir, indem die Angst nicht verdrängt, sondern einbezogen wird, Vertrauende *werden!* Vielleicht ist es stimmiger zu fragen, wie wächst uns Vertrauen zu und können wir sein Wachsen nähren? Oder wie betten wir uns immer tiefer in die Vertrauensebene ein?

Fromm schlägt uns wie in der Liebe einen Übungsweg vor, der Hingabe, Disziplin, Geduld und Ausdauer wie für ein Kunstwerk einfordert. Die Mönche leben es uns vor. In ihren Ritualen ist das Ziel die Vertrauensbildung. Dieser rituelle Weg verbindet uns mit dem Vertrauen. C. G Jung hat einen Vertrauensweg entdeckt, der dem SELBST eingeprägt ist, der sich kollektiv in Religionen und Märchen abbildet, individuell in den Träumen. Er nennt ihn Individuationsprozess. Wir haben mehrfach schon darüber gesprochen. In diesem Zusammenhang ist vielleicht noch besonders zu erwähnen, dass in dieser Beziehung zwischen Bewusstem und Unbewusstem Angst und Zweifel nicht mehr verdrängt, sondern angenommen und bearbeitet werden. Diesen Vertrauensweg haben wir alle zu gehen, er stellt eine der großen Lebensfragen an unser Leben dar und unterscheidet sich individuell nur durch unsere Kindheiterfahrungen.

Immer wieder begegne ich dem Irrtum, wir müssten Vertrauen *haben*, Vertrauen wie du fragst *entsteht*. Vertrauen ist ja der spirituellen Heimat zugehörig, wir sind gefragt, es dort abzuholen oder zu schöpfen. Wie bestimmt sich diese Heimat? Wo wir beheimatet sind, sind wir angenommen um unserer selbst willen und geborgen. Wenn uns Fehler passieren, werden wir aufgefangen und nicht verurteilt. Diese Schau des Herzens bestimmt die innere Heimat und den Vertrauensweg in sie. Was ist von uns auf ihm verlangt? Uns zu öffnen? Ihn für möglich zu halten und zu gehen? An ihn zu glauben? Oder ihm zu vertrauen?

Mir gefällt die Idee eines Vertrauensvorschusses ans Vertrauen, dass die Gabe des Vertrauens uns geschenkt ist und wir sie zu schöpfen haben. Träume sind ein Kompass dieses lebenslangen Weges, Mensch zu werden. Dieses nach INNEN Wenden in bewusstem Atmen, Meditation, im Gebet, in der Bitte, in Körperritualen, in der Musik, Kreativität, in Imaginationen ist Verbündeter des Vertrauensweges. Er bedarf täglichen Erinnerns.

Warum gehen Menschen zumeist davon aus, dass sie für ihre Leistung geliebt werden?

Als Kind lieben, weinen und freuen wir uns noch selbstvergessen um der Liebe, der Trauer und der Freude willen. Mit dem Eintritt ins Schulalter versinkt diese Fähigkeit, ganzheitlich zu lieben ins Unbewusste, wird sie nicht besonders von einem Lehrer, im Eltern- oder Freundeskreis gefördert. Es tritt eine für das Vertrauen gefährliche Identifikation mit der Leistungsgesellschaft ein. Wir erleben es an den Kindern, mit wie wenig Vertrauen sie an ihre Prüfungen herangehen. In der Schule wird der Mensch selbst, die Welt der Gefühle noch viel zu wenig gefördert. Ich sehe beglückende Ansätze von einzelnen Lehrern, die unter dem Leistungssystem selbst leiden und sich für neue, menschliche und fördernde Reformen einsetzen, ebenso für das Beachten des Talentes bei der Berufsfindung.

Unser bewusster Weg nach Innen bewegt sich später zwischen diesem doppelten Ursprung, einem irdischen, weitgehend bestimmt von der Leistungswelt, und einem göttlichen, bestimmt von einem liebenden Blick auf den Menschen selbst. Zumeist leben wir zunächst im Außen auf diese Werteskala bezogen. Diese Ebene wird uns im Leben vertraut. Fremd ist uns, dass wir später als Erwachsene uns nach Innen wenden und die Liebe neu aus uns selbst schöpfen können. Wir erfahren darin, dass uns, unabhängig von der Leistungsebene, ein Ursprung der Liebe und eines Wachsens als Mensch eingeprägt ist.

Gibt es eigentlich einen perfekten Partner, also
jemanden, der perfekt zu einem passt?

Mit *perfekt* würde ich einen Menschen überhaupt nicht beschreiben, auch nicht eine Beziehung. Die Frage könnte für
mich passender lauten: »Gibt es einen stimmigen Partner?«
Das denke ich sehr wohl, aber es kann etwas auch durch
uns stimmig werden. Meine Erfahrung ist, dass auch diejenigen Partner, die sich füreinander stimmig fühlen, viel
miteinander sprechen und in ihrer Beziehung immer wieder neu zum liebenden Blick aufbrechen. Das Wesentlichste
in einer Partnerbeziehung ist, wenn du mich fragst, bereit
zu sein, aneinander und miteinander innerlich zu wachsen. Darüber bewusst zu sein, dass sich selbst zu entwickeln
und neu zur Liebe aufzubrechen, die beste Nahrung eines
gemeinsamen Gelingens ist. Es freut mich so, unlängst von
einer Freundin, die ich nach ihrer Beziehung fragte, zu hören: »Weißt Du, es geht uns viel besser, weil auch ich mich
geändert habe, ich nehme das Schwierige natürlicher an
und bin dankbar für das Schöne.«

Der Zeitgeist verlangt diese Selbsterkenntnis von uns, weil
unsere unbewusste Natur danach drängt, sich zu entfalten.
Nehmen wir diesen Impuls nicht auf, sondern erwarten die
Erfüllung vom Partner, so steht das Ungelebte in der Beziehung als Konfliktstoff. Das Eigene kann jeder nur selbst
hinterfragen, beantworten und es mit dem anderen teilen.
Mann und Frau sind weniger im Ziel zu Lieben verschieden,
als im Zugang und den Lösungswegen. Und es ist wesentlich, die verschiedenen Zugänge gegenseitig zu kennen und
zu achten. Der klarste Beweis dieses Unterschiedes zwischen
dem Männlichen und Weiblichen ist der Körper in seinen
verschiedenen Rhythmen und Bestimmungen. Das Anzu-
strebende ist Gleichwertigkeit und nicht Gleichartigkeit.
Jung schreibt dazu, dass unsere Beziehungen heute durch

die Projektion eines Weges, den jeder zunächst nur für sich selbst gehen muss, überfordert sind. Rilke formuliert es in »Briefe an einen jungen Dichter«, jeder sollte seinen eigenen Scherbenhaufen aufräumen ehe er sich zu einem weiteren verbindet.

Es muss uns bewusst sein, dass auch in einer stimmigen, langjährigen Partnerschaft das in der Verliebtheit Lodernde neu zu entfachen ist. Der liebende Blick unterliegt jetzt den Gesetzen der Kunst: Entscheidungen, Hingabe, Achtsamkeit und Ausdauer.

Verliebt: die lodernde Initiation. Liebe: der innere Weg

Hält uns die Liebe auch lebendig?

Die Rückkehr zur Quelle, eine ewig aus sich selbst sprudelnde, bewirkt unser Lebendigsein. Das Unterwegssein zu ihr selbst lässt uns schon lebendig werden. Die Frage zur Liebe ist: Verstehen wir sie als eine Kunst, als einen Weg, auf dem wir immer lebendiger werden? Wird die Quelle darin für uns erfahrbar? Wie nähren wir sie? Nähren die Sinne sie, im Horchen, Schauen, Berühren und Riechen? Wie zähmen wir die Sinne, die zur Maßlosigkeit neigen? Steindl-Rast lehrt uns, wie gesagt: indem wir sie dem Sinn unterordnen, lebendig zu werden. Ungelebte und ungezügelte Sinne lassen uns nicht lebendig sein. Beziehungen, spirituelle Übungen und der Traum nähren gleichsam unser Lebendigwerden. Ein besonderes Öffnen zu dieser Quelle erfahren wir, wenn wir verliebt sind: Wir sind kraftvoll, einfallsreich, freuen uns am Leben und spüren seinen Sinn; wir lachen, sind kontaktfreudig, berühren uns gegenseitig, hören einander zu, sind zärtlicher, sind schwebend, tanzend, singend und schließen uns selbst und den anderen ins Herz, mitsamt seinen Schwächen. In diesen Momenten sind wir uns selbst und dem Wesen der Liebe nahe. Verliebt Sein wird uns geschenkt, es ist nur ein Spiegel in dem wir sehen, wie wir in einem schöpferischen Gedanken gedacht sind. In der Kunst zu lieben *antworten wir dankend dem Geschenk.*

Wie verbindest du Verliebtsein und Liebe?

Im Verliebtsein wird unser tiefstes Wesen von selbst lebendig. Verliebtsein ist eine Initiation, es wird uns selbst bewusst, wer wir sind. Die Kunst zu Lieben ist ein aktiver Weg in die Liebe. Er fordert von uns jeden Moment, und in schwierigen Ereignissen ganz besonders, einen achtsamen Entscheid für den liebenden Blick auf die Dinge. Dieser nimmt, aus dem Innersten bestimmt, die Zeit selbst zärtlich in seine Hände. Es ist ein Übungsweg, auf dem wir aus einem natürlichen Scheitern immer wieder neu aufbrechen dürfen. Schuld ist ihm fremd, er will nur den neuerlichen Versuch zu lieben. Verliebtheit ist ein passives Ereignis, es geschieht uns, es erwartet vom anderen und ist abhängig. Die Liebe ist ein aus sich selbst heraus Verströmen aus einer Quelle, die unserer Natur zugehörig ist. Unsere aktive Aufgabe ist, ihrer bewusst zu werden und aus der Quelle aktiv zu schöpfen, sodass sie aus sich selbst heraus fließt. Die Verliebtheit strebt danach, erwidert zu werden und ist unersättlich. In ihr sind die Schattenseiten weitgehend ausgeblendet und wir sind nahezu ident mit unserem Urgrund. In der Kunst des Liebens gehen wir gerade mit den Licht- und Schattenseiten auf den Weg. Verliebtsein birgt allerdings die große Chance in sich, die Liebe zu erkennen und den Versuch zu wagen, ihr zu vertrauen. Oft begegne ich der irrtümlichen Haltung, wir müssten Liebe *können* und Vertrauen *haben*: sowohl Verliebtsein als auch die Liebe und das Vertrauen entspringen der Welt des Seins. Sie wachsen aus den Gesetzen des Herzens, ihre Instrumente, die sie zum Erklingen bringen, sind der Versuch und lebenslange liebevolle Askese.

Was bedeutet »Die Kunst zu lieben«?

Eigentlich alles, was wir gerade gesagt haben. Das Wesentlichste nochmals zusammengefasst: Bewusst zu werden, dass Liebe im Übermaße in uns DA ist und dass wir sie zu SCHÖPFEN haben. Erich Fromms Buch »Die Kunst des Liebens« ist für mich heute noch ein unübertroffener Klassiker, ich kann es jedem nur empfehlen. Er weist uns so eindrücklich darauf hin, dass Liebe eine Kunst, eben eine AKTIVITÄT ist, die uns ein Leben lang immer wieder neu herausfordern darf.

Ein erster Schritt vom Verliebtsein in die Kunst des Liebens ist, die in uns lebendig gewordenen Gefühle bewusst wahrzunehmen, sie symbolisch mit beiden Hände zu umfangen, sei es meditierend, singend, tanzend, sprechend oder malend, wie Picasso uns dies in seiner Farbstiftzeichnung »Le Bouquet, 21 avril 1958« so sinnlich vor Augen führt. Diese Übungen wollen täglich und jeden Augenblick beachtet werden. Im dankbaren Verinnerlichen bringen wir das Lebendige zu uns zurück in die Liebe, in der wir geistig beheimatet sind. In ihr kehrt die in der Verliebtheit ausgewanderte Liebe wieder in ihre Ganzheit zu sich zurück. Lieben bedeutet, es um der Liebe willen zu tun. Dieses Ansinnen wird immer wieder neu an uns gestellt und bedeutet unsere ungeordneten Triebe, Illusionen und Vorstellungen, zum Herzen zurück zu ordnen. Die »Kunst des Liebens« von Erich Fromm geht von der Annahme aus, dass wir scheitern, weil wir meinen, es gehe darum, geliebt zu werden, anstatt zu lieben. Weiters schreibt er, viele Menschen gehen davon aus, zu lieben sei ganz einfach, schwierig sei es hingegen, den richtigen Partner zu finden, den man selbst lieben könne und von dem man geliebt werde. Der größte Irrtum ist, dass wir meinen, lieben müsse nicht gelernt werden. Er beruht darauf, dass man das Anfangserlebnis sich zu verlieben, mit dem permanenten Zustand zu lieben verwechselt. Einzig die Liebe zu lernen und die Vernunft können uns dabei helfen, ein neues Eins-Sein in sich selbst zu finden. Reife Liebe folgt dem Prinzip: Ich werde geliebt, weil ich liebe, und ich brauche dich, weil ich dich liebe.

Welche Rolle spielen Märchen in der Liebe?

Märchen erzählen in allgemein menschlichen Symbolen und Bildern von Wegen in die Liebe und der Würde des Menschen. Das besondere an den Märchen ist, dass sie gerade die Auseinandersetzung mit dem Bösen einbeziehen und verschiedene Umgangsformen beschreiben. Das sogenannte Böse ist als das noch nicht verwandelte Gute zu verstehen und wir haben gegebenenfalls den Schatten zunächst zu lieben, für das Gute zu kämpfen, spielerisch und mit List mit ihm umzugehen, um ihn zu wissen und ihm gar keine Nahrung zu geben. Wir haben schon an anderer Stelle darüber gesprochen. Die Verwandlung geschieht beispielsweise von einem wilden Tier in einen Prinzen wie in Schneeweißchen und Rosenrot, oder in dem Verwandeln des Aschenputtels in eine Prinzessin, die nicht mehr von den Stiefschwestern gedemütigt wird. Diese Prozesse ereignen sich auch in uns, dass erniedrigende Anteile unser Selbstvertrauen angreifen.

Die Heldin ist Trägerin jener Tugenden, die sie viele Prüfungen bestehen lassen und sie zur Hochzeit mit dem Prinzen geleiten. In der Hochzeit erreichen beide ihre Ganzheit und die Fähigkeit, aus sich selbst heraus zu lieben.

Bleibt uns dieses verwandelnde Urgeschehen unbewusst, projizieren sich Prinzessin und Prinz auf unsere realen Partner. Diese Überforderung belastet viele. Durch diese Projektion sind viele Beziehungen heute belastet, da der Zeitgeist diesen Entfaltungsprozess fordert. Nur wenn wir unsere innere Prinzessin befreien, ist der Partner davon befreit, ein erlösender Prinz sein müssen.

Animus und Anima

Du hast einmal gesagt, dass jeder auch etwas Männliches und Weibliches in sich trägt.

Es ist heute in allen psychologischen Schulen und der Kunst unbestritten, dass die Frau eine männliche Seite in sich trägt – C. G. Jung benannte sie Animus – und dass jeder Mann in sich ein weibliches Urbild, seine Anima, trägt. Indem die Frau mutig und tatkräftig ihr Eigenes anstrebt und zu ihren weiblichen Werten, dem Religiösen, Poetischen, den Träumen, Fantasien und Gefühlen steht, erfüllt sich ihr Leben mit Sinn. Für den Mann liegt die Entwicklung darin, auf das Menschliche bezogen zu werden. Jung schreibt dazu, der EROS des Mannes ist, bezogen zu werden und seine Gefühlswelt zu entfalten. Erkennen wir unsere eigene männliche bzw. weibliche Seite und integrieren sie, werden wir erst beziehungsfähig, andernfalls projiziert sie sich immer auf das jeweilige Gegenüber.

Wir können ja auch in eine Tätigkeit, einen Gegenstand, eine Idee verliebt sein?

Wenn wir uns fragen, in welches Bild, Möbelstück oder Kleid wir verliebt sind, werden wir uns oftmals leichter entscheiden. Versöhnt sich diese Verliebtheit mit der Vernunft, so können daraus wunderbare Dinge entstehen. Das Verliebtsein in eine Idee findet in der Begeisterung zu sich zurück. Es scheint mir so wesentlich zu sein, dieses Ereignis von der Umsetzung zu trennen. Wir müssen akzeptieren, dass wir vieles, das uns begeistert, nicht umsetzen können oder es wesentlich langsamer und schwieriger geht. Dies schmälert den Wert und die Freude an der Idee selbst keineswegs. Besonders die Umsetzung sozialer Ideen gestaltet sich oftmals wesentlich schwieriger als gedacht. Das ist der Natur der Sache eigen. Du hast Recht, wir können in alles verliebt sein, in eine Sache oder in ein schöpferisches Werk, aber auch diese unterliegen der Umsetzung, der Hingabe, Geduld und Ausdauer. Für C. G. Jung ist die Kunst des Liebens verbunden mit dem Weg der Selbsterkenntnis.

Wenn ich mich in jemanden verliebe, verliebe ich mich dann also in mein Selbst?

Das ist eine gute Frage und gar nicht so leicht zu beantworten. Ja und Nein. Unseren bisherigen Gedanken zur Folge wird im Verlieben unser Wesen lebendig. C. G. Jung nennt diesen Wesenskern das »Selbst«, das als Träger unserer Licht- und Schattenseiten auch gleichzeitig anordnendes Zentrum des Entfaltungsweges ist. Somit wird unser Selbst im Verlieben angesprochen und uns bewusst. Wir könnten es vielleicht besser so formulieren, wir verlieben uns in das Selbst. Mit dem Menschen, mit dem uns das geschieht, kann eine tiefe Übereinstimmung bestehen oder auch nicht. Denn der andere ist jedenfalls Träger eines uns zugehörigen unbewussten Seelenanteiles und Inspirator. Es wäre ein wunderbarer Zeitpunkt, zu uns selbst aufzubrechen. Wer sich bewusst werden will, welche eigene Seite der andere trägt, muss auch bereit sein, sich selbst zu erkennen! Insofern hat Jung Recht, wenn er Liebe und Selbsterkenntnis in einem Atemzug nennt. Träume helfen uns wesentlich und begeistern darin. In diesem Erkenntnisweg werden wir ja erst selbstvertrauend und beziehungsfähig. So können wir auch die Verschiedenheit des anderen achten.

Was verstehst du eigentlich unter Erotik?

Ich verstehe unter Erotik eine umfassende Lebensschau mit dem Herzen, die ein tiefes JA zu den Gegensätzen der menschlichen Natur und ihrer Versöhnung spricht. Sie bewirkt Einfühlsamsein, sich selbst und dem Nächsten sowie den Dingen gegenüber. Dieser liebende Blick kann genauso unserer Arbeit, einem Kunstwerk gelten, wie in eine Beziehung fließen. Herzensschau bedeutet, die Dinge um der Liebe selbst willen zu tun. Dieser Übung werden wir vor allem in der geforderten Feindesliebe gerecht. Sie gleicht einer Versöhnung, die wir in beide Hände nehmen, ohne die zweite zu erwarten.

Was macht glücklicher, lieben oder geliebt zu werden?

Sowohl als auch. Zu lieben fordert uns, wie oft gesagt, als ganzen Menschen, ist eine Kunst, ein Weg, eine Aktivität, die unsere ganze Hingabe, Disziplin, Geduld und unser Durchhaltevermögen verlangt. Ein Vertrauensweg, der unser Leben bis zum Ende mit Sinn erfüllt. Geliebt zu werden kann ebenso eine Kraftquelle sein, die uns lebendiger werden und wachsen lässt, wenn wir gleichzeitig liebend antworten.

Die verwandelte Hexe

Manchmal glaube ich, bin ich auch eine kleine Hexe ...

Das gefällt mir, wir dürfen auch eine kleine Hexe sein, aber nicht »zu viel«, sagte mein amerikanischer Lehranalytiker Arnold Mindell anlässlich eines Seminars in Wien. Das zerstört die Beziehungen. Auch eine kleine Hexe zu sein kann vieles heißen, beispielsweise in einer Beziehung klug zu sein »wie eine Schlange« und vom Partner nicht das zu erwarten, was er jetzt nicht erfüllen kann. Oder eine kleine Hexe zu sein heißt, mit List etwas zu bewegen, das der andere eigentlich auch selbst tun will, aber nicht von selber tut, sei es eine Geste oder ein Anruf.

Boshaft, wie eine wirkliche Märchenhexe, sind wir vor allem, wenn wir den Partner ändern wollen, aber nicht uns selbst!

Wie soll man denn ein bisschen Hexe sein?

Ein bisschen Hexe zu sein bedeutet, um die eigenen Schattenseiten zu wissen und mit denjenigen des anderen weise umzugehen. Die kleinen Hexen lösen ihre Probleme nicht gewaltsam, sondern sie wissen um die Kraft der Träume und schöpfen aus ihnen intuitiv Anregungen und Lösungsvorschläge. Sei es in einem Ereignis geduldig zu sein, oder mutig voranzuschreiten, oder die Empörung und die Versöhnung zu wagen. Auch um die Wirksamkeit klarer Bestimmtheit wissen kleine Hexen, anstelle von Rechthaberei und Macht. Die »ein bisschen Hexe« strebt letztlich das Gute an, während die wirklich böse Hexe das Böse bewusst will. Sie tobt, wenn es anders kommt, als sie sich etwas vorgestellt hat und bricht die Beziehung ab. Sie arbeitet mit Liebesentzug und bewirkt bei anderen Schuldgefühle und ein schlechtes Gewissen. Sie vernichtet den anderen bewusst wegen einer Schwäche in seiner Würde. Die kluge Hexe kritisiert sachlich, achtet das Selbstvertrauen des anderen und verletzt dort nicht. Sie demütigt den anderen nicht, auch wenn sie bestimmt Grenzen setzen muss. Wenn sie auch aufgrund ihrer Intuition machtvoll erscheint, ist sie zutiefst menschlich gestimmt.

Können wir auch Hass verwandeln?

Ja, es ist möglich und sogar eine unserer grundsätzlichen Lebensfragen. Hass ist ein uraltes Gefühl und schon Antigone lehrte uns dies in dem inspirierenden Gedanken: *»Zu lieben bin ich gekommen, nicht zu hassen.«* Die Theorien, wie Hass entsteht und entstanden ist, sind vielfältig. Du hast Gott sei Dank nicht danach gefragt. Dein Anliegen ist auch wesentlich sinnvoller, denn wir haben ihm in der Welt zu begegnen. Ich frage mich trotzdem jetzt, ist Hass wirklich ein Urgefühl des Menschen oder ein pervertiertes Gefühl, das nicht zuletzt aus Demütigungen, Verletzungen und einer Ohnmacht gegenüber diesen Verwundungen entstanden ist, und aus Angst?

In der analytischen Psychologie arbeiten wir vorwiegend mit Ressourcen und entwicklungsorientiert. Wir versuchen die Grundverletzung zu erkennen, sie in den heilenden Weg einzubinden und darin zu verbinden. In diesen Vertrauensweg nach Innen werden wir beheimatet, unabhängig von allen Demütigungen. Diese Zugehörigkeit dürfen wir in unseren Träumen in zeit- und grenzenlosen Räumen, die uns bergen, erfahren, in Landschaften, die in ein wundersames Licht getaucht sind, oder in einem mit Blüten übersäten wunderbaren Baum, der weit in das übrige Dunkel des Landes hineinleuchtet. Dieses Aufeinanderprallen des Hassenden mit dem inneren Bilderreichtum kann die dunkle Energie besänftigen, bis sie sich in heiligen Zorn wandeln kann. Unsere Bereitschaft, sich in die Verwandlung einzulassen ist von uns gefragt.

Liegen Liebe und Hass eng beieinander?

Wir wissen alle aus dem Leben und aus der Literatur, wie nahe sie beieinander liegen und wie achtsam wir mit ihnen umzugehen haben.

Es taugt die Bitte

Du sprichst so oft von Bitten?

Erst spät auf dem Weg nach Innen habe ich gelernt, zu bitten. Bitten erscheint ja zunächst als das Eingestehen einer Schwäche, bis wir begreifen, dass wir gerade durch sie gestärkt werden. Vorausgesetzt, dass wir selbst zur Lösung eines Ereignisses auch bewusst beitragen.

Die Frage stellt sich, wen bitten wir – unsere Freunde? Ja, diese auch und es ist oftmals die einzig stimmige Form, mit einer persönlichen Not an sie heranzutreten. Aber in dieser Bitte, über die wir eingangs sprechen, der sich auch die Dichterin Hilde Domin in ihrem gleichnamigen Gedicht anvertraut, wird noch eine andere Dimension angesprochen. Wir beziehen in ihr jenes große DU ein, in das wir uns vertrauensvoll beheimaten wollen, das uns einerseits fremd und anderseits so vertraut ist. In den Künsten wird uns dieses Vertrauen verheißen, besungen, gedichtet und in Bildern gemalt, ebenso in Religionen und großen Träumen. Persönlich die Bitte auszusprechen in Worten, Ritualen und Gesten ist von uns gefragt. Sie stimmt uns vertrauensvoll und das Vertrauen kann antworten.

Du hast einmal die Wunde der Liebe angesprochen, was meinst du damit?

Aus Sagen wie Parzival, aus den Religionen, Märchen, großer Literatur oder den tiefenpsychologischen Erfahrungen von Erich Fromm und C. G. Jung dürfen wir schließen, dass jeder Mensch die Urwunde der Liebe in sich trägt. Das entspricht auch meiner persönlichen Erfahrung. Ebenso beobachten wir diesen Verlust, ganzheitlich zu lieben, in der Entwicklungspsychologie, dass wir im Erwachsenwerden von diesem Urgrund getrennt sind, der uns als Kind geschenkt war. Wir sehnen uns ein ganzes Leben danach, diese Trennung zu überwinden. Erich Fromm schreibt in der »Kunst des Liebens«, dass unsere ganze Sehnsucht unbewusst dem liebenden Teil gilt, von dem wir getrennt sind. Je stärker der Einzelne leidet, umso mehr ist er gefordert, diesen abgetrennten Teil in sich zu suchen. Der Verlust eines Menschen kann diese Urwunde aufreißen und diese Verletzung kann sich mit allen früheren Verwundungen verbinden, seien sie aus anderen Beziehungen oder aus der Kindheit.

Eine Frau erzählte mir, wie sie über den plötzlichen Tod ihres Mannes in einen tiefen Schmerz fiel, dass sie Unstimmigkeiten in ihrer Umgebung überhaupt nicht ertragen konnte. Sie wollte, dass alle Menschen lieb zueinander sind. Weil sie in ihrem Wundsein der Liebe so nahe war, waren für sie sinnlose Streitigkeiten unerträglich.

Jedoch nur für kurze Zeit öffnet uns der Tod eines Menschen die Augen für die Liebe. In diesem Augenblick sind wir wieder ganz und wesentlich. Doch diese ganzheitliche Erfahrung der Liebe schließt sich wieder, wenn wir das uns Geöffnete nicht bewusst im Alltag immer wieder erinnern. Das führt uns wieder zu unserer Sinnfrage, die sich auch hier wieder beantwortet, uns immer tiefer mit der Liebe zu verbinden.

Was findest du schwieriger, den Verlust durch Tod oder durch verlassen werden?

Es ist für mich schwierig, das zu beantworten und ich frage mich, ob man die Frage überhaupt so stellen kann. Es sind zwei ähnliche und doch ganz verschiedene Erfahrungen. Verlieren wir einen Menschen durch den Tod, haben wir keine leibhafte Beziehung mehr, aber es ist schicksalhaft und vielleicht eher zu akzeptieren. Wird jemand verlassen, ist er auch persönlich verletzt, wütend und noch immer hoffend. Beide sind in gegenseitige Beschuldigungen verstrickt und wollen sich doch auch versöhnen, da nur dies letztlich in einen inneren Frieden führt. Beim Tod eines geliebten Menschen kann der Lebende in ewiger Liebe mit dem anderen verbunden bleiben.

In beiden Ereignissen hat der Zurückgebliebene mehrere Stufen des Trauerns, der Aggression, des Annehmens und des Reifens zu durchstehen. Beide Ereignisse haben etwas Gewaltsames, etwas Schmerzhaftes und verlangen eine besondere achtsame Zuwendung nach Innen. Doch nicht einmal, wenn wir es selber erfahren, können wir wirklich mitfühlen, denn jedes Ereignis wird individuell wieder anders erlebt.

Im ersten, tiefsten Schmerz ist jeder so sehr mit sich und seinem einmaligen Schicksal befasst, dass es wenig Trost von außen gibt. Es hilft zunächst nur, nicht zu vergessen, dass das Leben dennoch weiter geht, dass wir uns ihm anvertrauen dürfen und dass es heilsame Beziehungen gibt. Wir können uns auch in einem Buch beheimaten. Irgendwann werden wir dann verstehen, dass das Abschied nehmen ein Teil des Lebens ist. Auch unsere eigene Sterblichkeit werden wir nach einem so schweren Abschied besser begreifen und aus diesem Begreifen heraus vielleicht, hoffentlich, verstehender und liebender leben.

Wie sollen wir damit umgehen, wenn wir verlassen werden?

Verlassen werden schlägt uns eine große Wunde. Sie kann uns psychisch und physisch krank werden lassen. Heute wissen wir aus der Gehirnforschung, dass wir psychischen Schmerz auch körperlich erfahren. Ich erfahre, dass die Wunden der Trennungen zu wenig ernst genommen werden. Wenn eine Familie zerbricht, ist es immer für alle, besonders für die Kinder, sehr schmerzvoll. Diese Verwundungen einer Kinderseele werden heute in den Trennungen zu wenig beachtet. Jedenfalls ist es wesentlich und notwendig, wenn wir verlassen werden, zu versuchen, uns nicht selbst zu verlassen, was zumeist geschieht. Du fragst, was sollen wir tun? Jedenfalls, wie in der Kunst des Liebens, aktiv werden mit Dingen, die unser Selbstvertrauen stärken! Uns zu hinterfragen, wer wir eigentlich sind, wo unsere Stärken liegen, wer wir vor der Trennung waren und uns zu erinnern, dass wir tief im Inneren geborgen und geliebt sind. Uns viel Gutes zu tun ist jetzt eine Notwendigkeit! Ich frage mich, ob wir aufmerksam sind, wann etwas für uns notwendig ist und ab wann es ein kleiner Luxus ist? Drauf achten, uns mit Menschen zu umgeben, die unser Selbstvertrauen stärken? Diszipliniert in unseren Gedanken sein? Bedenken, was wir schon bestanden haben? Und die körperliche Bewegung ist jetzt vordringliche Aufgabe! Zu beachten ist auch, uns keinesfalls den Schattenseiten zu überlassen, wir hätten versagt, seien schuld.

In heiligem Zorn kreativ mit uns selbst zu bleiben und zu bitten stärkt unsere Zuversicht, bis uns die versöhnende Heilung von innen zu reift.

Der kleine Luxus

Ich bin täglich bewusst und dankbar für den kleinen Luxus in meinem Alltag. Ohne diesen kleinen Luxus würden meine Kraft und meine Kreativität in meiner analytischen Arbeit nicht so fließen. Darum verstehe ich große Genies, wie Mozart, Wagner, Picasso, Dalí so gut. Sie brauchten ihren Luxus, da sie auch in ihrer Kunst verschwenderisch waren. Wer viel gibt, darf sich Außergewöhnliches gönnen, auch wenn ihn die Außenwelt nicht versteht und erst nach seinem Tod sein Werk bejubelt.

Was ist für dich ein kleiner Luxus?

Luxus ist ja immer etwas Relatives, von welchem Blickwinkel aus wir ihn sehen. Schon alleine in Europa leben zu dürfen, mit genügend Wasser und Essen, sehe ich als großen Luxus. Ich versuche, mir dies täglich bewusst zu machen und dankbar zu sein. Mein ganz persönlicher Luxus ist, dass ich mich gerne stimmig zu maßvollen Preisen kleide. Der Sinn ist für mich jedoch eher, meinem Inneren zu folgen als nach außen zu blicken. So kann eine bestimmte Farbe mein Gemüt an einem Tag erhellen oder eine zurückhaltend neutrale Farbe mich nach außen schützen. Der wesentlichste kleine Luxus ist jedoch mein tägliches Schwimmen und das Beachten meiner Träume. Dafür verzichte ich auf ein Auto und auf große Reisen in die Welt, denn dieses Lebendigwerden im Unterwegssein erlebe ich auf meiner Reise nach innen. Weiters versuche ich, den Alltag mit Urlaub zu verbinden, indem ich im Sommer, soweit als möglich, im Freien arbeite, wie jetzt im kleinen Garten des Kunsthauses Zürich. Ich gönne mir immer wieder ein kleines Innehalten, um die Dinge zu verinnerlichen und die Augen dankbar öffnen zu können, für das JETZT.

Das war natürlich nicht immer so, und es brauchte dazu ein lebenslanges Reifen aus Freuden und Schmerzen.

Bekommt man nicht oft von einer anderen Seite etwas zurück, als von dort, wo man etwas gegeben hat?

Ja, das erfahre ich auch so, und es macht uns glücklich, wenn wir unser Leben in diese Richtung achtsamer und vertrauensvoller leben. Wie viele liebevolle Dinge kommen uns im Alltag entgegen, sei es von Menschen, Dingen, die uns überraschen, in der Straßenbahn, an der kleinen Bar um die Ecke, von der Schneiderin im Hinterhof oder aus der wundersamen Welt der Natur, in ihren Farben, Düften und stetem Wandel der Jahreszeiten. Wir leiden oft darunter, dass wir uns zu sehr auf einen Menschen konzentrieren und dort die universelle Liebe erwarten.

Kommt vieles nicht oft überhaupt anders, als man denkt?

Ja, darüber staunen wir alle immer wieder. Dieses Andere spielt genau darauf an, dass es eben noch die andere Welt gibt, die unser Leben unsichtbar, aber erfahrbar mitgestaltet. Es ist das Unbewusste, das auch mit seiner schöpfenden Weisheit mitwirkt, still und unbeachtet, aber wirksam eingreifend. In materiellen, äußeren Phänomenen kann dieses sichtbar werden, Jung nennt es Synchronizität. In ihr treffen zwei Ereignisse in einem akausalen aber Sinn bezogenen Kontext zusammen, wir haben es bereits erwähnt. Beispielsweise trifft ein Traum mit dem Urbild der Anna Selbdritt, mit einem Brief aus Amerika, in dem ein bedeutendes künstlerisches Bild von Leonardo Da Vinci zur Anna Selbdritt enthalten ist, zusammen. Das ist ein sinnvoller Zusammenhang akausaler Ereignisse. So etwas kann sich auch in Prüfungssituationen ereignen, fühlen wir uns in einem Fach sicher, gelingt die Prüfung oft gar nicht so besonders und umgekehrt. Die Frage ist: Wie können wir diese unbewusste Welt hereinholen? Auf jeden Fall über die Träume aber auch bewusst, indem wir beiden Möglichkeiten in uns Raum geben, dem Vertrauen und der Angst. Wir können diese andere Welt noch auf eine Weise hereinholen, indem wir in Situationen, wo wir unser Möglichstes getan haben, die andere Seite erbitten. Beispielsweise wenn wir ängstlich sind ist zuerst sachlich abzuklären, wie berechtigt diese Angst ist und erst dann können wir uns an das Unbewusste und die Träume wenden und auch unsere Bitten aussprechen.

Hast du für »Herrgott« ein anderes Wort?

Ja, ich habe ein anderes Wort, die Liebe oder den um die Dinge kreisenden Weg zwischen Angst und Vertrauen. Oder, nach C. G. Jung, »*das Selbst, das Gottesbild in der menschlichen Seele*«. Ein Urbild, wie es Jung erforschte, das Licht, Schattenseiten und ihre Verwandlung enthält. Es war Jung immer wichtig, zu betonen, dass er nicht über den transzendenten Gott der Theologie spricht, sondern über das Gottesbild, wie es sich im Menschen zeigt. Der transzendente Gott wird für uns immer geheimnisvoll und seine Wege unfassbar sein. Was uns bleibt ist unsere Wandlung in ihnen. Vielleicht kommt dieses Benennen einer größeren Macht, wie Herrgott, noch aus meiner Kinderwelt. Dieser Gott ist heute für mich das spirituelle Wachsen, das Kosmische, der *Weg* in die Liebe.

Was tatsächlich lebendig Sein und Liebe bedeutet, lernte ich vornehmlich von Sterbenden, sie sind dem Wesentlichen näher. Das Wahrhafte ist für sie das Wesentlichste. Im Alltagsleben stören wir oft mit unbedachten Äußerungen die Vertrauenswege anderer Menschen. Bei Sterbenden sind die seelischen Vorgänge viel sensibler. Manchmal ist es für sie stimmiger, nur eine Hand zu halten, still zu sein, ganz lange still, bis ein Wort sich ereignet.

Wir sind die Bringenden

Der Gedanke will uns vertrauter werden, dass wir in der Liebe auf der Welt die Bringenden sind. Wir erwarten sie in der Welt von anderen Menschen und sind uns zu wenig bewusst, dass sie zwar Ziel ist, aber vor allem Weg. In diesen sind unsere Schattenseiten zwar einbezogen, aber wir sind noch unterwegs. Er ist wie erwähnt human und gewährend, während der Geist der Welt beurteilend und bestrafend ist. Wenn wir uns der verwandelnden Kraft des erkennenden und versöhnenden bewusst werden und versuchen, sie auch in unseren Alltag einzubeziehen, können wir Bringende sein.

Warum wirkt das Negative automatisch, während das Positive hart erarbeitet werden muss?

Scheinbar ist das eine der Fragen, die das Leben an uns hat, dass wir selbst als Mensch die Schöpfung zu vollenden haben. Das Warum ist uns Geheimnis, aber das Wozu liegt in unserer Hand. So könnten wir auch den ersten Satz der Bibel, *»Es werde Licht«*, begreifen: Licht durch unser Bewusstsein in das Dunkel der Schöpfung zu bringen. Das bedeutet, nicht nur unsere Schatten zu erkennen und zu wandeln, sondern das Lichte, die in uns liegenden Verheißungen, dass wir in einer spirituellen Heimat unverloren und geborgen sind, zu schöpfen und vertrauen zu dürfen. Das Warum kann ich somit nicht beantworten, aber das Wozu. *Indem wir das Böse als das noch nicht verwandelte Gute betrachten, ist diese*

Wandlung ebenso unser Auftrag. Dieser Prozess begründet auch jene Vertrauenswege, aus denen wir in der Welt etwas Sinnvolles zu leisten vermögen.

Fällt uns manches Gute nicht auch von selbst ein?

Ich hoffe es, aber vielfach, besonders in Krisen, ist es leider anders, wir sind zumeist ins Negative verstrickt. Das Gute zu sehen und auf eine Waagschale zu legen, verlangt ein inneres Umdenken und eine Entscheidung. Wäre es nicht so, bräuchten wir weder Psychologie, Philosophie, noch Kunst und Religionen, sie alle wollen eine Welt gestalten, in der menschliches Mitgefühl und ausgleichende Gerechtigkeit herrschen. Sie hegen alle Visionen und Wege, wie sich Kriege vermeiden lassen, wie wir das Gute erreichen und wie sich die Schöpfung darin vollenden kann.

Als junge Frau dachte ich, das Gute sei selbstverständlich für den Menschen, heute im Alter weiß ich, dass dies keineswegs so ist, und dass ein Sinn unseres Lebens ist, das sogenannte Böse zu wandeln und das Gute zu schöpfen. Wie Rilke schreibt, ist der Mensch der Vollender, der Bote des Göttlichen in der Welt. Erwarten wir das Göttliche in der Welt, werden wir enttäuscht und müssen uns erst schmerzlich bewusst werden, dass wir darin vorwiegend Bringende sind. Ingeborg Bachmann drückte es so aus: *»Die Liebe liegt noch im Schatten der Welt.«* Andererseits beobachte ich, dass wir die vielen kleinen Liebesbeweise des Alltagslebens viel zu wenig beachten, ein Lächeln, eine sich öffnende Türe im Autobus, ein freundlicher Blick in der U-Bahn oder ein Dankeschön. Dies sind kleine Anregungen, wie wir im Alltag zu Bringenden werden.

Rilke sah das für sich folgendermaßen, er war ja nicht nur selbst Dichter, sondern auch Kritiker anderer Schriftsteller: Konnte er ein Buch nicht empfehlen, zog er sich lieber aus dem Auftrag zurück. Er war überzeugt, Kritik müsse aus dem Herzen kommen. Er wusste um die Einsamkeit und Härte, ein Buch fertig zu stellen und wieviel Verzicht das bedeutete. Kritik ist heute oft so menschenverachtend, herzlos und eher vernichtend statt fördernd.

Verbündete unserer inneren Arbeit

Gibt es eine Unterstützung in der inneren Arbeit?

Ja, vielfältige Unterstützungen – diese zuverlässig, besonders in Krisenzeiten einzusetzen ist sehr wesentlich! Es gibt ganz einfache Dinge, wie beispielsweise bewusstes Gehen. Das können wir wunderbar in den Alltag integrieren. Viele Jahre ging ich täglich bewusst zu meinem Arbeitsplatz, einen kleinen Weg im Stadtpark in Wien. Wir wurden miteinander Verbündete, ich fand meine innere Ruhe, auch durch die alten Bäume die ihn einsäumten, und es war mir in all den Jahren so, als erwarteten der Weg und die Bäume schon meinen morgendlichen Gang. Wir hatten uns miteinander vertraut gemacht.

Gehen ist eine stärkende Übung, um unsere Spannungen zwischen den Gegensätzen auszuhalten und nicht zu flüchten, bis die Wandlung geschieht. Es geht ja um einen tiefen Prozess, dazu brauchen wir unsere *Verbündeten*, wie wir sie nennen, die Kreativität, die Kunst, den Körper, bewusstes Atmen, Freunde, die Bücher, Kraftorte, das meditative innere Gespräch, aktive Imagination, Schweigen, Malen, Tanzen, Schreiben, Musik, Natur, ein Tier. Es ist nicht gemeint, sie alle gleichzeitig einzusetzen, sondern das zu wählen, das uns Freude bereitet und persönlich stärkt. Wesentlich ist, es regelmäßig zu tun, möglichst zur gleichen Zeit, in derselben Länge. So wird es zu einer Meditation.

Holen uns nicht immer wieder die gleichen Probleme ein?

Ja, es holen uns immer wieder die ähnlichen Dinge ein aber die Einstellung zu ihnen ändert sich. Denn wir kreisen um einen Lebensmythos, der sich aus unserer Kindheitsgeschichte und überpersönlichen Bestimmung kreiert und unsere Lebensaufgabe darstellt. Nehmen wir diese zärtlich in unsere beiden Hände, können auch unsere Wunden in ihr heilen. Das bedeutet auch, dass wir unsere Ängste umkreisen, anstelle uns zu quälen und mit Vertrauen verbinden. So erreichen wir am Ende unseres Lebens, durchlässig zu werden für unsere Liebesfähigkeit, die unsere Wunden letztlich heilend umfließt.

Ich erinnere mich an einen Traumprozess, in dem sich eine Schattenseite zeigte. Die Träumerin reagierte sehr schnell und spontan mit: »Die will ich weghaben!« Genau darum geht es nicht, sondern sie anzunehmen und an ihr zu arbeiten. Wir haben schon darüber gesprochen, wie wir an der Schattenseite arbeiten können, ich erinnere noch mal an das Wesentlichste: Sie zu lieben, sie zu überlisten, ihr keine Nahrung zu geben, aber sie bewusst mitzunehmen. Sogar wenn der Traum es vorschlägt, ist es manchmal notwendig zu flüchten oder für das Selbst zu kämpfen. Wollen wir die Schatten abtrennen, projizieren sie sich auf andere Menschen und können sich nicht wandeln.

Nicht, dass wir mehr ins Licht blicken macht uns lichter, sondern dass wir an unseren Schatten arbeiten.

Wie stehst du zu der Haltung: So bin ich eben!

Ambivalent! »So bin ich eben« kann besagen, dass wir uns nicht ändern wollen oder auch gerade das Gegenteil. Das ich BIN der ich bin, ist auch die Aufgabe als Menschen, die zu werden, die wir sind. *Werde, der du bist,* ist schon ein altes griechisches Ideal und hat die Bedeutung des Schöpfens unserer Seins-Ebene als Mensch. Im biblischen Sinne spricht Jesus dazu: »*Ich bin der Weg*«. Dieser ist von einer liebenden Auseinandersetzung zwischen unserem irdischen und göttlichen Ursprung geprägt. Die zu werden, als die wir in einem einzigartigen, schöpferischen Gedanken gedacht sind, ist ein Weg der auch fordert, uns nicht zu vergleichen. In diese Gedanken sind wir eingebettet und aus ihnen dürfen wir unser Selbstvertrauen schöpfen. Individuell erfahren wir Vertrauen in unseren Träumen, kollektiv ordnet sich dieser Weg in die Kunst und Religion sowie in Märchen ein. In diesem vertrauenden Werden sind wir mit dem spirituellen und wesentlichen Teil unserer Persönlichkeit verbunden.

Was denkst du über das Böse der Welt?

Es ist existent in der Welt und ich fürchte, es überwiegt heute noch in Krieg, Folter, Ungerechtigkeit, Hunger und Qual. Das Böse ist sehr, sehr ernst zu nehmen, welcher Theorie des Ursprungs wir auch immer folgen. Am besten gefällt mir die Idee, das Böse als das noch unerlöste Gute zu begreifen, wie wir es auch in den Märchen sehen. Denken wir nur an die letzten beiden Weltkriege, so haben wir auf allen Ebenen am Bösen zu arbeiten. Allerdings leben wir heute in einem Zeitgeist, in dem besonders auch der Einzelne gefordert ist, sich seines Schattens bewusst zu werden und ihn zu verwandeln, sowie das Vertrauensvolle zu schöpfen.

Diese beiden Prozesse kreieren Sinn und das individuelle Leben wird darin zum Teil der Schöpfung einer friedlicheren Welt. Das hat uns vor allen Dingen Nelson Mandela mit seinem Leben so eindrücklich vor Augen geführt. Er hat seine Demütigungen und Folterungen nicht gerächt, sondern seine Feinde eingeladen, im Dienste einer menschlicheren Welt. Er sprach aus Erfahrung, wenn er sagte: »*Gewalt ruft Gegengewalt hervor*« und war selbst ein Vorbild für versöhnliche Lösungen. Für die Liebe haben wir uns immer wieder neu zu entscheiden.

Humor ist der beste Friedensstifter

Humor stiftet Frieden, sowohl im Innen als auch im Außen, das ist meine Erfahrung. Nur ist er, wie gesagt, die späte Frucht einer durchgestandenen Freiheit oder eines Talentes. Ich erinnere in diesem Zusammenhang einen Abend, der für einen verletzten Menschen sehr heilsam war. Wir schwelgten in humorvollen Rachephantasien, die darin gipfelten, dem besagten Herrn einen Flügel auf seine Rechnung zu stellen. Das verletzte Mädchen fühlte sich nach diesen von Humor getragenen Ideen und gemeinsamem Lachen wesentlich erleichtert. In zwischenmenschlichen Beziehungen, und manches Mal sogar in der Welt, ist Humor wohl jenes Mittel, um nicht zu sagen jene Waffe, die letztlich den Frieden herbeiführen kann.

Ich selbst habe in einer schwierigen Lebensphase jeden Morgen einen humorvollen Reim verfasst, der meine Stimmung erhellte. Die spielerische Figur darin heißt »*Ein Taugeviel*«. Er wird heute noch geschätzt, wenn ich über ihn lese.

Warum gibt es nicht mehr Humor in der Welt?

Humor ist, wie gesagt, einerseits die späte Frucht eines inneren Weges, andererseits eine Gabe, die der Schöpfer einem Menschen geschenkt hat, auch um schweres Leid und Menschenverachtendes zu überstehen. Im Innen erstickt

die humorvolle Seite oft in jungen Jahren an Schattenseiten, wie beispielsweise Selbstzweifel. Die stille Heiterkeit
der Seele ist eine weise Schwester des Humors und unser
aller Lebensziel in späten Lebensjahren.

Sind wir geizig?

»Die meisten Menschen sind geizig in der Liebe«, war die interessante Antwort meines Lehrers auf meine diesbezügliche
Frage anlässlich eines Traumes, den wir analysierten. Er
bemerkte jedoch, dass es bei mir gerade umgekehrt sei, ich
würde zu viel Mitgefühl verströmen und habe es zu bezähmen. Diese originelle Antwort auf diese Frage habe ich bis
heute nicht vergessen und finde sie immer stimmiger, je
älter ich werde.

Lass mich diesbezüglich noch einmal zurückgehen zu
unserem Thema Liebe und Verliebtsein. Verlieben wir uns,
sind wir verschwenderisch mit unseren Gefühlen und gar
nicht geizig. Wir fühlen uns seelenverwandt mit dem Geliebten, weil wir zutiefst an unserem Gemeinsamen, der
Liebe, angeschlossen sind. Was trennt uns sodann von dieser Ebene? Meiner Erfahrung nach gesellt sich nach einiger
Zeit der Schatten dazu, während wir als Verliebte beinahe schattenlos sind. Ohne Besitzgier, Eifersucht und Angst
zu verlieren. Wollen wir in der liebenden Verschwendung
bleiben, wird der Weg mit dem Schatten zur Kunst.

Alter und Tod – immer gegenwärtig

Glaubst du, dass wenn man während des Lebens kleine Tode erfährt, man dem großen Tod anders entgegensehen kann?

Ja, ich vertraue darauf, dass die kleinen Tode des Lebens und das aus ihnen Verwandelte den großen Tod vorbereiten. Aber der letzte Tod wird noch eine ganz andere Herausforderung sein, der wir gegenüberstehen. Ich hoffe, dass wir gelassener und vorbereiteter sind, wenn wir viele kleine Tode durchstanden haben. Der große Mystiker David Steindl-Rast lehrt uns, dass wir das Leben nur wirklich lebendig leben können, wenn wir den Tod allzeit vor Augen haben. Dieses Bewusstsein bewirkt, das Jetzt zu leben. Bruder David ist überzeugt, dass jedes gelebte *Jetzt* den großen Tod vorbereitet.

Ein persischer Mythos bestärkt diese Annahme und unser stetes Üben auf wunderbare Art: Wir gehen am Ende unseres Lebens über eine Brücke. In deren Mitte kommt uns in der Gestalt einer jungen Frau unsere Seele entgegen. Ihr Gesicht ist von jener Schönheit, in welche wir sie in unserem irdischen Leben verwandelt haben. Die von uns befreite Liebesessenz, aus all den kleinen Toden, erscheint in ihren beseelten Augen.

Die Begrenztheit unseres Lebens inspiriert uns, den Geist der Liebe zu befreien. Ebenso der Gedanke, das Leben selbst als ein Geschenk zu begreifen, auf das wir dankend antworten. Nach einem Lebensweg mit vielen kleinen Toden und seinen Lehren daraus wuchs in mir das Vertrauen, dass nur das gelebte Leben mit allen Irrtümern und Schatten letztlich wohlwollend auf uns zukommen kann. In diesem letzten Wohlwollen ereignet sich in der Gnade die Antwort auf unsere Lebensfrage. In einem neuerlichen Aufbruch und Dankbarsein schließt sich der Lebenskreis und öffnet uns zum Zeitlosen hin, indem wir die Zeit selbst losgelöst vom Tun, zärtlich in unsere Hände nehmen.

Wir begreifen, dass der gelebte Augenblick selbst das Geschenk ist. Ich erfuhr es in einem bereits erwähnten großen Traum. Eine aus sich selbst heraus lebendige Instanz stellt mir die Frage: »*Wie verändert sich dein Leben, wenn du nur noch ein Jahr Zeit hast?*«

Schon im Traum wurde mir bewusst, ich hatte die Aufforderung ganz ernst zu nehmen, sei sie als körperliche oder geistige Herausforderung zu verstehen. Es dauerte Wochen, bis ich eine Antwort fand. Erst ein nachfolgendes Traumbild sollte mir dabei helfen. Es träumte mir von einer wunderschönen, rosenroten Lotusblüte, die selbstvergessen aus ihrer Mitte heraus in einem Teich tanzte. Es dauerte wieder eine Zeit des Nachdenkens, Meditierens, Weiterträumens, bis sich die Antwort überraschend in einem Wort fand: *Lebensfreude!*

In diesem Augenblick der Erkenntnis wurde mir klar, der Traum inspirierte mich, zu üben, die Dinge des Lebens freudig zu tun. Die bisherigen Leistungsanforderungen wie »du musst«, »du hast die Verantwortung«, »du hast die Pflicht«, »du sollst«, wollten sich in Freude wandeln. Bis heute versuche ich täglich neu diese Frage zu beantworten. Das bedeutet für mich aus der Dankbarkeit zu leben, die mich Bruder David lehrte und die Zeit selbst mit Freude zu füllen, unabhängig von meinem Tun. Manchmal gelingt es besser, manchmal weniger gut, manchmal vergesse ich es aber. Ich darf bis zum letzten Tag eine ÜBENDE bleiben und wieder aufstehen.

Wie sieht mein Tag im Alter aus, was bewirkten die Träume bis jetzt? Ich arbeite nach wie vor analytisch mit großem Interesse mit einzelnen Menschen, begleite Traumseminare und bin begeistert von den Inspirationen der Träume. Ich schreibe und gehe täglich schwimmen. Nur der Rhythmus und die Form haben sich geändert. Ich verlege meine Arbeit im Sommer so viel als möglich ins Freie, beantworte Anrufe oder Briefe aus dem stimmigen Augenblick und meine Arbeiten im Haus erledige ich, wenn ich die Kraft dazu fühle. Oft ist es wesentlich zu vertrauen, dass sich für die Dinge, die wir nicht sofort tun, die entsprechende Zeit ergeben wird. Das ist gar nicht so einfach, aber sie kommt doch und das Vertrauen in sie stärkt sich im Laufe des Lebens.

In guter Position

Im Rückblick fühle ich mich heute vor allem in »guter Position«, weil ich mich früh den Träumen öffnen konnte und Vertrauensrituale wie ein kleines Gebet oder meine sonntäglichen Gottesdienste in mein Leben einbezogen habe, sowie den Körper berücksichtigen musste.

Schon in sehr jungen Jahren waren mir, wie erwähnt, die Augen für schwächere und leidende Menschen geöffnet. Dieses war damals aus meinem persönlichen Umfeld nicht erklärlich, sondern hing mit einem größeren Schmerz zusammen, mit dem ich schon auf die Welt gekommen bin. Der Linderung dieses Schmerzes bin ich ein Leben lang beruflich gefolgt und daran persönlich gereift. Es ist wie ein kleines Wunder für mich, dass er sich jetzt im Alter gemildert hat. Allerdings leide ich heute noch beinahe unerträglich, wenn ich miterlebe, dass ein Kind ungerecht behandelt, gedemütigt oder nicht getröstet wird, wenn es weint. In solchen Situationen muss ich eingreifen und etwas für das Kind tun, sei es auf der Straße, in einem Lokal oder in der U-Bahn. Wesentlich ist, dass ich gelernt habe, mich mit dem Kind zu solidarisieren und nicht gegen die Eltern zu agieren, die ja auch oft selbst überfordert sind.

Was bedeutet eigentlich, die Seele in ein Gleichgewicht zu bringen?

Die Seele in eine gute Position zu bringen bedeutet für mich, ein relatives Gleichgewicht zwischen Körper, Seele und Geist anzustreben und Überforderungen zu vermeiden. Das verlangt von mir, das Leben als einen fortlaufenden Prozess zwischen Höhen und Tiefen zu begreifen und lernend mit seinem Wandel umzugehen. Wenn ich mich heute zurückerinnere, hatte ich die großen Ereignisse meines Lebens nicht in der Hand, aber ich konnte mich in ihnen wandeln, an ihnen wachsen, freier und lebendiger werden. Das hat für mich vor allem bedeutet, Ereignisse mit der Weltsituation zu relativieren und darin immer dankbarer zu werden. So erreiche ich immer wieder ein seelisches Gleichgewicht. In letzter Zeit wurden mir auch die Traumerfahrungen der goldenen Bäder der Zärtlichkeit so bewusst, die wir angesprochen haben. Und ich erinnere oftmals am Tag, wenn etwas schwer fällt, die Zeit selbst in zärtliche Hände zu nehmen. Es ist trotzdem eine Gnade, wenn wir im Alter die Früchte eines inneren Weges ernten dürfen und die ängstlichen, zweifelnden Stimmen sich verwandelt haben in ein immer wieder neues Hinterfragen, Verzeihen und Versöhnen. Das führt uns in einen inneren Frieden, aber es heißt nicht, dass ich zufrieden bin und nicht mehr strebend um die Dinge ringe. Es ist wunderbar, wenn wir im Alter gelernt haben, dankbar zu sein und einen LIEBENDEN BLICK auf das Leben zu entfalten.

Um die Seele spirituell in eine gute Position zu bringen, brauche ich beides, zu glauben und mich immer wieder vertrauend hinzugeben an die innere spirituelle Heimat, um diese auch zu erfahren, sei es in den Träumen oder im Leben.

Lass uns noch ein wenig über das Alter sprechen.

Was interessiert dich denn besonders, soll ich einfach erzählen?

Im Geiste spüre ich mein Alter kaum, vor allem im Alltagsgeschehen denke ich wenig daran. Was mich besonders freut ist, dass ich zu meinem Alter stehen kann, auch zu meinen vielen kleinen Falten und an ihnen auch nichts verändern möchte. Vielleicht, weil mein Blick mehr auf ein inneres Entfalten gerichtet war? Natürlich weisen mich kleine körperliche Beschwerden auf die späten Jahre hin. Aber der Schmerz war immer einer meiner Begleiter und ich habe gelernt, ihn als dem Leben zugehörig zu betrachten. Ich bin auch dankbar, dass mich nach wie vor vieles interessiert und ich gerne Neues lerne. Die innere Arbeit endet bis zum letzten Augenblick nicht. Ungeheuer spannend und erstaunlich finde ich, welche neuen Erkenntnisse sich immer wieder eröffnen und wie ich Dinge tiefer begreife.

Auch wenn wir die Früchte der lebenslangen Arbeit in gewissem Maße ernten dürfen, sind wir immer wieder an einem Anfang und das Üben endet nie. Wir sind jeden Tag gefordert, dankbar innezuhalten und auch Rückschau zu halten, was sich in uns gewandelt und entfaltet hat. Bis heute bin ich begeistert von meiner analytischen Arbeit, besonders von den sinnvollen Aussagen der Träume. Aufgrund eines Traumes habe ich meine Ausbildung begonnen, die mich bis heute erfreut. Ein weiterer Traum mit Ingeborg Bachmann hat mich dazu bestimmt, heute zu schreiben. Bis jetzt war mein Leben so von der analytischen Arbeit mit Menschen erfüllt, dass dafür kein Platz war. Den Traum träumte ich vor 25 Jahren und ich bin immer ein klein wenig dran geblieben, ohne zu erwarten, er könne sich erfüllen. Schreiben ist einerseits wunderbar, weil sich die Erkenntnisse vertiefen, andererseits fordert es uns bis an die Grenzen, weil wir zu den Tugenden, wie Hingabe, Disziplin, Geduld und Ausdauer herausgefordert sind, darin ruhig und vertrauend zu bleiben. Ich werde mir im Alter neu bewusst, wie wesentlich das tägliche Schwimmen für meinen Lebensprozess war und ist. Vielleicht gönne ich mir jetzt mehr kleine Pausen im Alltag, arbeite an schönen Plätzen und ziehe mich gerne schön an. Eine wesentliche Frucht, die ich ernten darf, ist aus der Arbeit an den Schattenseiten gewachsen, denn diese verstärken sich oft im Alter, während ich erfahre, dass sich das Vertrauen verstärkt.

Meinst du, dass jeder die Möglichkeit hätte, glücklich zu altern?

Ich meine, dass viel mehr Menschen glücklicher altern könnten, würden sie beginnen, an sich zu arbeiten, ihre Schatten zu wandeln und ihre Lichtseiten zu schöpfen. Dann könnten sie statt verbittert und mit Schuldgefühlen beladen, erfüllter und glücklicher altern. Die Schatten verstärken sich oftmals in späten Jahren, aber es ist nie zu spät, mit der Arbeit an sich selbst zu beginnen. Hier erinnere ich den dokumentierten Prozess einer Frau, die mit 90 Jahren im Altersheim eine Analyse begann und sich von ihren schuldbeladenen, selbstbestrafenden und negativen Seiten noch befreite, um mit 97 friedlich von dieser Welt zu gehen. Vor allem sollten Menschen, die andere begleiten, sei es in Altersheimen oder Krankenhäusern an ihrer Persönlichkeit arbeiten, um sich selbst nicht zu verausgaben und andere zu verstehen.

Können wir uns noch im Alter jung fühlen?

Ja, aber dieser Prozess beginnt eigentlich schon in der Mitte des Lebens, in der sich die Innenwelt nach Zuwendung sehnt. Gehen wir dieser Sehnsucht nach, kann diese Innenschau in späten Jahren zu jener stillen Heiterkeit und Gelassenheit führen, die zumeist aus Schwerem gereift ist. Sich jung fühlen hat vorwiegend mit einem nie endenden Interesse an den Dingen zu tun, einem offenen Sein und Staunen. Dieses Lebendig sein im Alter bedingt mit dem Leben selbst im Fließen zu bleiben, begeisterungsfähig und lernend. Picasso meinte: *»Man braucht sehr lange, bis man jung wird.«*

Das Sinnbild dieses jugendlichen Geistes fasziniert nicht selten im Außen, in einem jungen Mädchen oder einem jungen Knaben. Sie sind Projektionsträger unserer Begeisterungsfähigkeit, die ewig jung ist, aber wir dürfen uns mit ihr nicht im Außen identifizieren und sie im Außen belassen. Es ist bekannt, dass Menschen sich auch im hohen Alter noch verlieben können wie in der Jugend. Sehr viel Unwesentliches fällt im Angesicht später Jahre weg. Verliebe ich mich mit 80, wie eine meiner ewig jugendlichen Tanten, will sich unser Lebendigsein in einer anderen inneren Freiheit und Tiefe bewegen als mit zwanzig Jahren. Ebenso kann mein Stiegensteigen im Alter in den fünften Stock, wie ich es täglich tun muss, eine Last sein, aber ich kann mich auch positiv dazu einstellen und es als Training sehen. Freilich vorausgesetzt, man hat kein körperliches Gebrechen. Mir scheint, wie ich schon mit 15 Jahren von dem Philosophen Epiklet lernte, nicht die Dinge selbst beruhigen oder beunruhigen, sondern unsere Sicht auf die Dinge.

Du bist 75 – kommt es dir vor, dass es ein langes Leben war, oder ist es schnell vergangen?

Sowohl als auch. Jedenfalls war es ein erfülltes Leben mit Schmerz und Freude, Verlassensein und Gnade, Verloren-

und Geborgensein. In unseren Träumen grenzen wir an das Zeitlose, und so verbindet sich für mich die zu große Schnelligkeit in der Welt mit einem Gefühl der Unendlichkeit, die ich in Träumen erfahren darf. In ihnen grenze ich an das Raum- und Zeitlose, die Gegensätze, wie Angst und Vertrauen, versöhnt gleich einem Atemstrom. Immer wieder aufs Neue kreieren sich daraus andere Vertrauenswege. Ein Vertrauensweg, der sich aus dem Schreiben dieser Lebenserinnerungen kreiert hat. Ein Impuls aus der Erfahrung goldener Bäder der Zärtlichkeit vor 30 Jahren, in die ich eingetaucht war, der jetzt im Alltag zur Wirklichkeit wird.

NACHWORT

Die vier Lebensalter nach C. G. Jung

Wie eingangs bereits erwähnt, hat das Leben eine Frage an uns. Sie kreiert die Aufgabe, unser Leben mit Sinn zu erfüllen. Bei dem Psychologen und Arzt C. G. Jung stand die Frage nach dem Sinn des Lebens im Mittelpunkt seines wissenschaftlichen Interesses. Er sah die Krise unserer Zeit in erster Linie als eine Sinnkrise. Die Sehnsucht nach dem Sinn des Lebens sei dem Menschen zutiefst eingeprägt: Einerseits im Werden unserer Persönlichkeit, selbstbestimmt zu sein, gefestigt, sowie innerlich frei und konflikt- und liebesfähig zu werden, andererseits mit unserer Gabe dem Wohl der Allgemeinheit zu dienen.

Meine Enkelin Julia und ich haben versucht, in Fragen und Antworten der Spur eines erfüllten Lebens aus tiefenpsychologischer Sicht nachzugehen.

C. G. Jung selbst entdeckte in seinen lebenslangen Forschungen im Unbewussten einen Prozess, dessen Bewusstwerden erst die eigentliche Entwicklung und Wandlung der Persönlichkeit bewirkt. Bewusstes und Unbewusstes stehen dabei in einem Dialog und in einer dialektischen Auseinandersetzung mit dem Ziel, uns immanente gegensätzlichen Tendenzen wie Angst und Vertrauen versöhnend zu ordnen. Dieser schöpferische Wandlungsprozess wird von einem Zentrum, er nannte es das Selbst, angeordnet. Dieses Selbst setzte er sinngemäß und bildlich dem Samenkorn eines Baumes gleich, das zur Entfaltung seiner Bestimmung drängt.

Schon im Kindheitsmythos, so Jung, läge die Sinnfrage verborgen, in allen seinen schmerzlichen Ereignissen und in der Kunst zu lieben. C. G. Jung definiert den Kindheitsmythos in seinem Buch »Erinnerungen, Träume, Gedanken« folgendermaßen: »*Die Tatsachen, die den Menschen von außen und von innen übermächtig entgegentreten, hat er unter der Anschauung der Gottheit zusammengefasst, und ihre Wirkung mit Hilfe des Mythos beschrieben, und diese als Wort Gottes verstanden, das heißt als Inspiration und Offenbarung des Numens der anderen Seite.*«

Das Selbst erscheint in der menschlichen Psyche als Kreissymbol, da es die Ganzheit des Menschen anstrebt. Darin wird das Bewusstsein der Spitze eines Eisberges gleichgesetzt, während der unter dem Wasser liegende Berg dem Unbewussten zugebilligt ist. In der menschlichen Psyche erscheint das die Gegensätze vereinigende Symbol auch als göttliches Kind. Es ordnet unser Reifen als Mensch mit unseren Zweifeln und dem Vertrauen aus einem neuen Ursprung, dem liebevollen Blick. Dieser belegt unser Scheitern weder mit Schuldgefühlen, noch verurteilt und bewertet er. Dieses Kind in uns ermutigt das Gewissen zu hinterfragen, in den Gegensätzen abzuwägen, zu erkennen und zu lernen, sowie mitfühlend zu verzeihen und sich zu versöhnen. Menschheitsumspannend ist dieses neue Werden eingebettet in Kunst, Religion, Märchen, Mythen und Philosophie. Persönlich vorgezeichnet ist dieser Weg in unseren Träumen, die unser Bewusstsein ergänzen. Wir haben allerdings ihre Symbolsprache zu entschlüsseln und die Traumaussage in einem weiten Kontext der Kulturen zu umkreisen. Der Traum ist in diesem Prozess Naturgeschehen und wahr, und der Mensch ist sich selbst sein eigenes Werk.

Die Verbindung von unbewussten Inhalten und dem bewussten Alltag ist die Übung. Körper, Seele und Geist wollen darin einbezogen werden. Julias Fragen und meine Gedanken und Antworten sind diese Schule. Den schöpferischen Wandlungsprozess haben wir in vier Stufen geordnet und befragt: Kindheit, Jugend, Lebensmitte und Alter.

Das erste Lebensalter: Die Kindheit

Als Kinder sind uns die Augen der Liebe geöffnet. Unsere Gefühle sind in unsere beiden Hände gebettet und wir freuen uns, weinen und lieben selbstvergessen, um der Liebe willen. Im Erwachsenwerden werden wir von dieser Ganzheit getrennt und wir erwarten die andere Hand von anderen Menschen und der Welt. Was uns als Kind geschenkt wurde, zu lieben, wird jetzt zu einer Kunst! Diese bedarf unserer ganzen Hingabe, Disziplin, Geduld und Ausdauer. Sie erfüllt unser Leben bis zum Ende mit Sinn.

In dieser Kunst bleiben wir ewig Werdende und sind darin von dem inneren, göttlichen Kind stets inspiriert und umgeben. In das symbolische Bild des Samenkorns sind unsere ganz persönlichen Aufgaben und unsere Talente hinein erzählt, die den Lebenssinn für uns kreieren. Wir nehmen sie wahr in unseren Gefühlen, Fragen, in unserer Sehnsucht, in der Begeisterung und in den Träumen. Das Talent ist in unsere Freude hinein versteckt, es bedarf der erkennenden Suche und will sich gestalten. Mein Lebensbeginn war geprägt von starken Gefühlen, die mich träumten. Zuerst ging ich ihnen unbewusst nach. Auf einer Suche nach innen, die mich Stufe um Stufe langsam bewusst werden ließ, folgte ich meinem Gerechtigkeitsgefühl, das mich von Kind an beseelt hatte. Als Juristin musste ich jedoch später schmerzhaft erkennen, dass im Gesetz ein anderes Gerechtigkeitsgefühl gemeint war, als ich es gesucht hatte. Dem menschlichen Mitgefühl und einer Verringerung des Leidens konnte ich erst als Analytikerin folgen. Meine schon in der Kindheit angelegten Gefühle fanden insofern erst in meiner Arbeit als Analytikerin ihre Antwort. Diese Arbeit unterscheidet sich durch einen liebevollen Blick auf uns selbst und andere! Auch im Scheitern. Vielleicht ist dieser Blick, der mir als Kind schon eigen war, mein eigentliches Talent, das ich zum Beruf machen durfte.

Das zweite Lebensalter:
Jugendjahre und Familie

Verliebtsein, das der Jugend besonders eigene, ist eine der großen Träume über das tiefste menschliche Selbst. Uns zu verlieben öffnet uns ein Tor in unser Innerstes, und wir sind verbunden mit dem tiefsten Seelengrund, der Liebe. Sie lässt uns schweben, tanzen, lachen, wir berühren einander, fühlen uns leicht und kräftig und erfüllt. Alles hat einen Sinn, selbst das Unsinnige. Wie der Traum an und für sich, ist das Verliebtsein nur die Möglichkeit zur Liebe, die unsere ganzheitliche Hingabe verlangt.

Der Traum, das Verliebtsein in Liebe zu verwandeln, fordert höchste Achtsamkeit von uns, andernfalls versinkt er wieder ins Unbewusste. Dieser schöpferische Urgrund gibt alles und entzieht auch wieder schon Erkanntes. Die Schatten holen sich wieder ihre Aufmerksamkeit, denn sie wollen angenommen und gewandelt werden.

Dies wird uns in den Märchen so anschaulich gezeigt. Die Märchenhochzeit am Ende ist eigentlich wieder ein neuer Anfang der Geschichte. Ein Bewusstsein, das sich erst entwickelt hat und uns im letzten Jahrhundert noch wenig bewusst war. Wir Frauen erwarteten den Prinzen, der uns erlösen sollte und uns dasjenige schenken sollte, mit dem wir doch nur selbst aktiv werden konnten. Gleichzeitig fühlten wir uns schuldig, dass wir über unser Muttersein hinaus getrieben waren, noch uns selbst zu suchen, von etwas Innerem gedrängt, von dem wir nicht wussten, woher es kam und wohin es uns führen wollte. Die Geburt unserer Kinder hatte uns ja nicht nur tief beglückt, sondern sie war auch Sinn erfüllend. Darüber hinaus wollte sich noch etwas erfüllen, das Reifen unserer Persönlichkeit als Mensch und Frau.

Das dritte Lebensalter:
Lebensmitte und Aufbruch

Das dreißigste Jahr forderte von mir eine neue Orientierung, und zwar nach innen. Die Krise macht darauf aufmerksam und führt uns nicht selten zu tiefen Erkenntnissen über uns selbst. In einer wunderbaren und auch schmerzlichen Analyse, gleich einer Geburt zwischen Schmerz und Glückseligkeit, konnte ich erkennen, was für ein Reichtum in mir brach lag, und wie sprachlos ich mir darin selbst gegenüberstand. Langsam wurde ich mir darüber bewusst, dass ich nur selbstständig und selbstvertrauend werden konnte, wenn ich auf eine Entdeckungsreise nach innen ging und meinen Fuß auf den anderen Kontinent in mir setzte. Ich lebte damals ohne Bezug zu den unbewussten Teilen meiner selbst. Ohne sie würde ich kaum auf den Füßen, auf eigenem Grund stehen und vertrauend leben. Die Träume führten mich auf dieser Erkenntnisreise aus einem Leiden im Kreis in ein Ringen nach vorwärts. Zu versuchen, mit dem eigenen Vertrauen aktiv zu werden und nicht aufzugeben, war meine nächste Aufgabe, insbesondere wenn mich andere nicht verstanden. Die innerlichen Wirklichkeiten standen oft in einem krassen Gegensatz zu den äußeren Anforderungen und ordneten sich in stetem Üben langsam in eine versöhnende Mitte, eine Fähigkeit im Jetzt zu sein. Ich spürte bald, dass mir innerlich Vertrauen zuwuchs. Um diese spirituelle Ebene besser zu erkennen und zu verstehen, verbrachte ich immer wieder Auszeiten im Kloster und lernte von den Mönchen für meinen inneren Weg in der Welt und staunte, wie oft ich sie übend antraf, ihr Vertrauen stärkend, wir sehr sie vom Einfachen, Bescheidenen – was der Mönch wirklich *braucht* – beseelt sind. Und sie stellen den Versuch in den Mittelpunkt ihrer Übungen. Aber auch die Mönche werden von Schatten bedrängt und ringen mit dem inneren Dämon. Die bewusste Annahme dieser Schattenseite und das Arbeiten an ihr gehört essentiell zu ihrem Weg. Durch den Schatten hindurch zu reifen in die große Weite der Seele ist auch für einen Mönch ein Lebenstraum.

Das vierte Lebensalter:
Unsere späten Lebensjahre und das Alter

Es liegt ein großes Glück im Alter, wenn wir auf einen inneren Weg zurückblicken können, in dem uns Antworten immer mehr reifen ließen und wir uns einer inneren Verwandlung zugewendet haben. Die Träume ändern sich im Dialog zwischen Bewusstem und Unbewusstem. Die Schatten sind milder mit uns geworden, bzw. wir können sie klüger annehmen und mit ihnen umgehen. Wir sind vertrauter mit den schmerzlichen kleinen Toden, die uns – so hoffen wir – auf das Ende vorbereiten werden. Persönlich stehe ich in Demut vor dem letzten großen Übergang und hege die ängstliche Hoffnung, dass mein langes, achtsames Zuwenden zur jenseitigen Welt mich begleiten wird. Ich versuche, jetzt mit meinen Träumen noch achtsamer umzugehen und einen bestimmten Traum in meine leeren Hände zu nehmen, in dem ich nach einem schmerzlichen Durchgang vor dem Bild einer aus ihrer Mitte, selbstvergessen, tanzenden, rosa Lotosblüte stehe. Träume nehmen keine Rücksicht auf den Tod, sie fließen weiter, gleich einem Atem oder Strom, in dem Zeit und Grenzenloses sich versöhnen.

Möge ein wunderbarer persischer Mythos das Vertrauen in unseren Weg stärken: *Am Ende unseres Lebens gehen wir über eine Brücke. Auf halbem Weg kommt uns unsere Seele in der Gestalt einer jungen Frau entgegen. Ihr Gesicht ist von jener Schönheit, in die sich unsere Seele im irdischen Leben gewandelt hat.*

Dr. iur. Ute Karin Höllrigl, Dipl. analytische Psychologin

1939 in Stuttgart geboren, aufgewachsen in Österreich und in der Schweiz, Mutter von zwei Kindern, Großmutter zweier Enkelkinder.

1962 Doktorat der Rechtswissenschaften an der Karl-Franzens-Universität Graz. Berufserfahrungen an verschiedenen Gerichten und in der Wirtschaft.

Heirat, Geburt der beiden Kinder Sigrun und Peter 1966/67.

1968 Wohnsitzwechsel nach Schaffhausen, Schweiz. Einarbeitung in das Schweizer Recht, ab 1970 Gerichtsschreiberin am Kantonsgericht Schaffhausen. Mitglied in der Internationalen Gesellschaft für Kriminologie. Erfolgreiches Pilotprojekt pro bono mit inhaftierten Jugendlichen. 1976 Wahl zur stellvertretenden Jugendanwältin des Kantons Schaffhausen. Begegnung mit dem Gedankengut C. G. Jungs, Beginn einer Analyse. Aufgrund eines Berufungstraumes Studium und Diplomabschluss am C. G. Jung-Institut Zürich. Lehranalyse bei Arnold Mindell.

1983 Eröffnung einer psychotherapeutischen Praxis in Schaffhausen, ab 1984 bis heute Traumseminare in der Schweiz und in Österreich.

1993 Eröffnung einer Praxis in Wien, Lehrtätigkeit an der Schule für Mal- und Gestaltungstherapie, Supervision, Vorträge, Veröffentlichungen, Beiträge in Radio und Fernsehen. 2007 Ernennung zur Ausbildungsanalytikerin, 2009 zur Lehranalytikerin am C. G. Jung-Institut Zürich. Praktiziert in der Schweiz und in Wien.

Buchveröffentlichungen

»Ella« – *Ein innerer Entfaltungsprozess der Frau aus Träumen und Bildern.* Erato-Verlag, 2011.

»Goldene Spur« – *Der Prozess einer Individuation in Träumen und Bildern – Ingeborg Bachmann und C.G. Jung. Ein Essay.* Erato-Verlag, 2012.

Julia Höllrigl

1995 geboren und aufgewachsen in Wien, reist schon als kleines Mädchen mit ihrer Großmutter zwischen den Familiensitzen Schweiz und Österreich sowie der Propstei St. Gerold (Vorarlberg) hin und her. Sie verbringen viel Zeit zusammen, es entsteht eine innige Beziehung zwischen Enkelin und Großmutter. Über ihre Liebe zu den Tieren entwickelte Julia mit zunehmendem Alter ein tiefes Interesse am Menschen und seinem Wesen. Darüber hinaus spielt die Musik, speziell das Klavier, eine wichtige Rolle in ihrem Leben. Nach der Matura 2014 wird sie ihren weiteren Lebensweg wahrscheinlich mit einem Studium der Psychologie fortsetzen.